세상이 온통
회색으로
보이면
코끼리를
움직여봐

Si tu vois tout en gris, déplace l'éléphant

by Pascale Seys

© 2019, Lannoo Publishers. For the original edition.
Original title: Si tu vois tout en gris, déplace l'éléphant
Translated from the French language
www.racine.be
Korean translation copyright © Lesmots, 2022
All right reserved.

파스칼 세이스

Pascale Seys

송설아 · 이슬아 옮김

세상이 온통
회색으로
보이면
코끼리를
움직여봐

세상을
방랑하는
철학
❷

Si tu vois
tout en gris,
déplace
l'éléphant

레모

일러두기

- 단행본과 잡지는 『 』로, 단편, 시, 논문은 「 」로, 신문, 영상물, 노래 제목,
  미술작품은 < >로 표시했다.
- 외래어 표기는 국립국어원 외래어표기법에 따랐으며 관례로 굳어진 것은
  예외로 두었다.
- 원주와 옮긴이주는 모두 본문에서 번호로 표시하고 미주로 실었다. 주석
  번호는 편의상 다섯 장씩 묶어 표기했다.

차
례

"너무 기네요!" 그녀가 탄식했다.

"중간 휴식시간이에요." 닷지가 프로그램북을 보며 대답했다.

"그다음에는 뭔가요?" 루시가 물었다.

"우리의 시대. 우리 자신." 그는 그곳에 쓰인 문구를 읽었다.

버지니아 울프 『막간』 1941

두 세계 사이에서
사유하기

● 철학자 **파스칼 샤보**

새로운 울림의 연결망을 만들어내는 이 책만의 방식이 실로 놀랍다. 그렇게 사유의 가장 원초적 본성에 한발 다가가려는 것일지도 모른다. 사유란 관계를 만들어내는 것이라고 말하는 사람들도 있다. 하지만 그것만으로는 부족하다. 함께 놓인 여러 요소가 연결된 방식을 명확하게 밝혀내지 못한다면 그 관계의 의미는 퇴색해버리고 만다. 이렇듯 관계란 추상적인 개념이다. 하지만 울림은 이 관계에 생명을 불어넣는다. 관계 안에서 메아리가 울려 퍼지고, 진동이 전달되고, 여러 감정이 섞이면서 마침내 어떤 음악이 들려온다.

파스칼 세이스의 통찰과 혜안이 돋보이는 지점이 바로 이곳이다. 그녀는 두 세계에 산다. 첫 번째 세계는 고귀하고 따뜻한 문화의 세계다. 그곳에는 저명한 사상가, 철학자, 작가, 음악가 들이 살고 있다. 비록 그들에게는 과거 시대의 흔적이 각인되어 있으나, 사유를 통해 이를 뛰어넘고자 노력했다는 사실만으로 그들은 시간을 뛰어넘어 존재한다. 이 세계는 예술가나 교양인처럼 상냥하다. 모난 곳도 없다. 우리는 도서관의 푹신한 소파 같은 이곳에 앉아, 망각의 파도에 휩쓸리지 않고 살아남은 단어들을 곱씹는다. 이곳은 사유, 역사, 이야기, 만담, 그리고 모든 것에 관한 일화로 만들어진 땅이다.

하지만 이곳이 파스칼 세이스의 유일한 세계는 아니다. 그녀가 사는 두 번째 세계는 대단히 현대적이며, 전자기기와 네트워크가 난무하고, 돈이 흘러다니고, 유튜버가 스타가 되는 곳이다. 아직 먼지가 쌓이지 않은 작금의 세상이자, 모든 것이 움직이면서 일어난 먼지로 가득 찬 세상이기도 하다. 모든 것이 희미하고 불명확하다. 그것은 불확실성과 당혹감이다. 우리는 각자의 기질이나 관심사에 비례하게 현재의 문명을 사랑하고 또 두려워하면서 불신 섞인 지지를 보낸다. 이제 도서관의 안락한 소파는 없다. 스크린에 시선을 고정하고 그 흐름에 완전히 몰입하도록 고안된 기능적 장소만이 존재할 뿐이다.

문화를 통해 영속하는 오래된 세계와 발전으로 가득한 새로운 세계. 파스칼 세이스는 이 두 세계 사이에서 재주를 부린다. 그녀는 단순히 관계를 만들어내는 데에 그치지 않고, 미묘한 울림을 조율하며, 상징적인 두 사건이 서로 조응하는 부분을 가리키고, 직접적이고 강제적인 만남을 주선한다. 짧게 말해, 이 두 세계의 손을 끌어당겨 그들이 하나의 음악을 연주하도록 하는 것이다.

　　이를 통해 우리는 파스칼 세이스의 사유가 지닌 음색을 느낄 수 있다. 그녀는 연주자가 되어 내고자 하는 소리를 정하고, 그에 따라 울림은 음악이 된다. 이 책의 글은 애초에 음악 전문 라디오 채널에서 읽힌 것이므로 꼭 들어보라고 권하고 싶고, 이제는 꼭 읽어보라고 권하고 싶다. 아주 올바른 소리를 내며 울려 퍼지고 있으니 말이다. 두 세계 사이에서 세 번째 세계를 창조해낸 파스칼 세이스가 그곳에서 벌어지는 흥미진진한 사유로 우리를 초대하고 있다.

랍비 나흐만의 우아하고 눈부신 계승자 C에게

하나의 행복은 완전한 행복이다.
두 개의 행복은 행복이 존재하지 않는 것과도 같다.

샤를 페르디낭 라뮈Charles Ferdinand Ramuz

다람쥐
콤플렉스

우리는 완전히 충만하고 만족하며 온전하다고
느끼기에는 항상 뭔가 부족하다고 믿는다.

이 이야기는 스위스 로잔 근처에 위치한 두 소도시, 그러니까
5번 국도로 33킬로미터 떨어진 당주와 드느지 사이 어디쯤에
서 시작한다. 하지만 지구상 어디에서나 충분히 일어날 수 있
는 일이기도 하다. 1917년, 작가 샤를 페르디낭 라뮈는 러시아
민담 『탈영병과 악마』에서 영감을 얻어 음악극 『병사 이야기』
대본을 집필했고, 작곡가 이고르 스트라빈스키가 곡을 붙였다.
파우스트 신화를 독창적으로 재해석했다고 평가받는 이 작품
은 행복을 좇던 젊은 병사가 윤택한 삶과 막대한 재산을 탐하

여 악마와 거래하는 내용을 담고 있다. 이 음악극에서 나비 채집가의 모습을 한 악마는 오랜 행군에 지친 순진한 병사 조섭에게 까막눈도 읽을 수 있는 특별한 책[1]과 조섭이 가진 바이올린을 맞바꾸자고 제안한다. 젊은 조섭이 악마의 꾐에 넘어가 바이올린을 건넨 순간 거래가 성사되며, 그는 자신도 모르는 사이에 악마에게 영혼을 빼앗기고 만다.

인생이란 길을 걸어가는 우리도 젊은 병사 조섭과 별반 다르지 않다. 우리도 그와 마찬가지로 시간을 들여 행복을 찾아 헤맨다. 가난한 자는 횡재를 꿈꾸고, 솔로는 사랑을 갈구하며, 아픈 자는 건강을 원하고, 실업자는 직장을 갈망한다. 하지만 아이러니하게도 자신에게 주어진 실질적인 행복을 온전히 느끼지는 못한다. 완벽한 행복에 다다르기에는 아직 부족하다고 많은 사람들이 말한다. 완전한 포만감과 충족감을 느끼기에는 무언가 모자란 것이 있다고 말이다. 그리고 끊임없이 더 큰 행복의 신기루를 좇다가 결국 악마에게 영혼을 팔게 된다. 고대 그리스인들은 욕망이 한도 끝도 없이 넘쳐나 계속해서 '더 많은' 것을 바라는 현상을 '플레오넥시아Pleonexia'라 불렀다. 이 플레오넥시아로 인해 행복은 반드시 추구되어야 하는 것으로 여겨졌고, 동시에 행복의 의미는 '기분 좋음'으로 축소되어버렸다. 다만, 기분은 본디 변덕스러운 것이어서, 우리의 욕망에 따라 끊임없이 생겼다가 사라지게 마련이다. 따라서 '기분 좋음'을 갈망하는 우리는 만성적 허기와 욕구불만의 상태에 놓이게 된다. 예컨대 기분 좋은 감정을 느끼면 그것을 지속시키고 되풀이하려는 욕망을 느끼지만, 절대 완전한 만족에 다다르지는 못한다. 매우 강력한 생존 본능에 따라 움직이는 인간은 끊임없이 탐하고 갈망하면서도 끝내 만족하지 못하는 존재다. 작은 것으로도 만족하는 것은 인류의 진보에 반하는 일이기에 우리는 항상 더 많은 것을 원하도록 설계되어 있다. 역사학자 유발 하라리는 이와 같은 본능을 '다람쥐가 단 한 알의 도토리로 완전하게 만족하는 완벽한 세상에서는 다람쥐의 생존 확률이 현저하게 떨어질 것'[2]이라고 은유적으로 표현했다.

우리도 다람쥐처럼 갖가지 도토리를 수집하고, 다른 다람쥐가 가진 도토리의 모양이나 크기와 비교하는 것을 멈추지 않는다. 더 많이 소유하려는 욕망으로 인해 이미 가진 것에 만족하지 못하고 남들과 비교하며 항상 부족함을 느낀다. 질투심에 눈이 멀어 충만감을 느끼지 못하고, '기분 좋음'을 '행복'으로 착각하는 오류를 반복적으로 범하게 된다.

●

끊임없이 더 큰 행복의 신기루를 좇다가
결국 악마에게 영혼을 팔게 된다.

●

『병사 이야기』에는 다음과 같은 문장이 나온다. "하나의 행복은 완전한 행복이다. 두 개의 행복은 행복이 존재하지 않는 것과도 같다." 소박하지만 깊은 울림을 주는 이 문장은 우리를 '플레오넥시아'에서 지켜주는 주문이 되어 귓가에 맴돈다. 우리는 하나의 행복으로도 완전한 행복을 느낄 수 있어야 한다. 하나의 행복은 완전한 행복이기 때문이다. 작고 보잘것없어 보이는 행복이라도 그것을 완전하고 절대적이며 최고의 행복으로 여겨야 한다.

시인 자크 프레베르는 초가을의 울적함을 담아 자신만의 문체로 이렇게 말했다. "떠나가는 소리를 듣고서야 행복을 알아차린다네."

우주의
검은 미니 드레스

'무엇인지 알 수 없는 누군가'는 우리의 표현력을
아득히 넘어서는 것이다.
따라서 그것은 보이지 않는 존재일 뿐만 아니라
'정해지지 않은 것'이라고도 할 수 있다.

대부분의 사람들은 살면서 한번쯤 이런 이야기를 들어봤을 것
이다. 엄청난 속도로 질주하는 이 세상에서 살아남으려면 역시
숨이 끊어질 정도로 달리거나 잠깐의 휴식 즉 '비움'의 시간을
가져야 한다고. '비움'이라는 단어는 '휴가'와 유사한 부분이 있
다. 행복해지기 위해서는 스스로에게 '공백'과 '후퇴'의 기간을
허용하고, 죄책감 없이 곰처럼 동굴 안으로 도피할 수 있어야
한다. 누구나 아는 사실이겠지만, 비우는 것은 곧 채우는 것이
다. 마법처럼 말이다.

사랑하는 사람이 문득 그리워지거나, 불면증에 시달리며 삶의 허무에 직면하거나, 채우기 전의 텅텅 빈 냉장고를 보는 순간 '공허한' 감정이 왈칵 솟아날 수 있다. 하지만 이렇게 예외적인 상황을 제외한다면, 우리는 **대체로** 우주가 가득 찼다고 느낀다. 마치 동그란 풍선이나 작은 배 안에 아스파라거스며 검은 캐비어, 생각, 너구리, 푸른 가오리, 담보대출, 친구, 해바라기, 요한 제바스티안 바흐를 비롯한 온갖 것들이 들어 있고, 그 사이사이를 빈 공간이 채우고 있는 것처럼 말이다. 이러한 관점이 완전히 틀린 것은 아니지만, 그렇다고 완전히 맞는 것도 아니다. '원자'라고 불리는 물질로 채워진 현실 세계는, 우리가 아는 세상의 5퍼센트밖에 차지하지 않기 때문이다. 그렇다면, 이 세계의 95퍼센트는 어느 물리학자가 '무엇이 아닌지는 알지만 무엇인지는 알 수 없는 것'[3]이라고 지칭한 다른 어떤 것으로 이루어졌다는 의미이다. 이는 르네상스 시기에 독일 신학자들이 신, 신비 혹은 '무엇인지 알 수 없는 누군가'에 대해 고민하고, 그가 가진 능력이 아니라 오히려 그것이 아닌 모든 것으로 신 혹은 '누군가'를 묘사하는 것이 마땅하다고 주장한 것만큼이나 우리의 골치를 썩이는 물리학적 주장이 아닐 수 없다. 우리는 이를 부정신학이라 부른다. 신은 무근본Ungrund, 근거 없음, 심연, 토대 없는 실체로 이해된다. 1930년대에 작곡가 아르놀트 쇤베르크는 성서에 관한 오페라 〈모세와 아론〉에서

신을 명명하려 하면서 같은 문제에 봉착했다. 작곡가의 죽음으로 완성되지 못한 이 오페라는 "단어가 부족하다O Wort, du Wort, das mir fehlt"라는 생경한 가사로 끝난다. 야훼가 누구인지 혹은 무엇인지 정의할 수 있는 단어가 없다는 것이다. 따라서 대본에서도 '없어서는 안 되는 것', '보이지 않는 것'과 같은 부정개념否定概念을 사용한다. 신, 심연, 신비 혹은 '무엇인지 알 수 없는 누군가'는 우리의 표현력을 아득히 넘어서는 것이다. 따라서 그것은 보이지 않는 존재일 뿐만 아니라 '정해지지 않은 것'이라고도 할 수 있다. 만약 범신론자들이 믿는 것처럼 세상, 우주, 자연 전체가 신성한 것이라면, 온 세상 역시 우리의 표현력을 넘어서는 것이다. 그러므로 이 현실 세계가 아무것도 아닌 것은 아니지만 우리의 이해를 벗어난다는 가설과, 물리학에서 '암흑물질'이라고 부르는 것을 받아들여야 한다. 보이지 않으며 숨기를 잘하는 이 물질은 우리의 주위를 맴돌고 있으면서도 우리가 그곳이 비어 있다고 착각하게 만드는, 유령 같은 물질이다.

●

누구나 아는 사실이겠지만,
비우는 것은 곧 채우는 것이다.
마법처럼 말이다.

●

존재하지 않는 것은 아니지만 빛이 없기 때문에 탐지될 수 없는 것을 도대체 왜 연구하는 것일까? 과학적으로 우주의 응집력을 설명하기에는 무언가 부족하기 때문이다. 과학은 그 부족한 것, 신 혹은 '무엇인지 알 수 없는 누군가'에 암흑물질이라는 이름을 붙였다.

오래전부터 '그것'은 보이는 것보다 더 멀리 나아가려는 인간의 연구와 호기심의 동력이 되었다. 암흑물질 사냥꾼들이 보이지 않는 우주의 물질에 대해 사유함으로써, 우리는 코페르니쿠스 혁명에 맞먹는 새로운 혁명에 단숨에 발을 담그게 되었다. 오직 순수한 이론적 고양에서 말 그대로 놀라운 시정詩情을 느낄 수 있다. 물질적인 동시에 추상적인 이 문제는 중력의 문제이자 중대한 문제이기도 하다. 하지만 동시에 초자연적인 문제이기도 하고, 아주 강력한 시적 문제이기도 하며, 아주 가벼운 문제이기도 하다.

친구를
빌려드립니다

『니코마코스 윤리학』제8권에서 아리스토텔레스는 우정의 본질에 대해 탐구한다. 친구란 무엇일까? 우정을 어떻게 정의할 수 있을까?

살다 보면 생겼다가 사라지기도 하는, 우연적이고 휘발되는 감정일까? 아니면 이익과 주어진 상황에 따른 감정일까? 혹은 마음속 깊은 곳에서 우러나오는 것일까? 아리스토텔레스는 교양이 전혀 없는 사람이나 신을 제외하면, 누구도 친구 없이 살 수 없다고 단언했다. 그러고는 "모두의 친구는 친구가 아니다"라는 핵심적인 제약 사항을 명시했다.

아리스토텔레스가 살던 시대로부터 2400년이 흘렀고, 이토록 소중한 관계를 이용하여 막대한 재산을 축적한 금융 트레이더도 있다. 아리스토텔레스의 제약 사항은 안중에도 없다는 듯, SNS에는 화려한 빛을 내뿜는 '약한 유대관계'가 넘쳐난다. 먼 친구들과 가까워질수록 진정으로 가까운 친구와는 멀어지는 법이다. 그럼에도 우리는 아직 다음 질문에 대한 답을 찾지 못했다. 우리에게는 왜 친구가 있는가? (단 한 명일지라도) 우리는 왜 친구를 필요로 하는가?

●

우리는 모든 관계가 끊어진,

휴대용 사물들을 들고 끊임없이 이동하는

유목민이기 때문이다.

●

오스트리아의 소설가 로베르트 무질은 소설에서 **특성 없는 남자**의 운명에 대해 이야기한다. 소설의 주인공 울리히는 카카니엔에 산다. 그는 너무나 멀리 떨어져 바깥 세상을 관찰한 나머지, 자의식을 상실했고, 자신의 가치를 인식하지 못하게 되었다. 외부의 영향에 완전히 휩쓸려버린 그는 '어떠한 특성이나 특징도 없는ohne Eigenschaften' 사람이 된 것이다. 이렇듯 아무런 우정도 나눌 수 없게 된 울리히는 특징도 영혼도 없는 사람이 되었기에, 그를 형용할 방법 또한 없어졌다.

몇 년 전, 사회학자 지그문트 바우만은 현대 유럽인의

심리를 묘사하면서, 그들은 단지 특징만 잃은 것이 아니라, 모든 관계도 함께 잃어버린 인간이 되었다고 주장한다. 그리고 그들이 살고 있는 세상 또한 변덕스럽고 쉽게 모습을 바꾸는 '액체'가 되었으며, '적응하지 못하면 도태된다'는 법칙을 내세우며 그들을 위협하고 있다고 말한다. 오늘날에는 **특징 없는 인간**과 **관계 없는 인간**이라는 수식어에 **정착하지 못한 인간**이라는 수식어를 하나 더 붙여도 좋을 것이다. 왜냐면 우리는 **모든 관계가 끊어진**, 휴대용 사물들을 들고 끊임없이 이동하는 유목민이기 때문이다.

초연결된 대도시를 사는 오늘날의 유목민들은 아이러니하게도 우리를 진짜 사지로 내몰 수 있는 외로움이라는 비극을 마주하고 있다.[4] 영국은 이러한 사회적 고립 문제에 대응하고자 '외로움 담당 장관직'을 신설하고, 트레이시 크라우치 전 문화부장관을 그 자리에 임명했다. 문화란 반드시 공통의 것이어야 한다는 사실을 깨달은 사람이 영국 정부 고위직에 있는 게 틀림없다. 일본에서는 전문 업체들이 등장하여 관계 붕괴에 대항하는 실용적인 해결 방안을 제시했다. 가족 사랑Family romance, 나만의 예스맨My yes Men, 가족의 힘Support one 같은 업체들이 현대인의 외로움을 달래기 위해 낮이나 저녁 시간에 휴가, 쇼핑, 영화 관람을 함께할 친구 대여 서비스를 제공한다.

아리스토텔레스는 "우정이란 두 몸에 깃든 하나의 영

혼"이라며 이해타산을 뛰어넘는 상호적인 선의야말로 진정한 우정을 나타내는 최고의 증거라고 말했다. 설령 우정을 빌려줄 수 있다고 해도, 우정은 너무나 아름답고 희귀하고 소중하고 귀하기에 사고팔 수 있는 것이 아닐뿐더러, 설사 그렇게 되더라도 그것은 변질될 수밖에 없을 것이다.

실패는
가장 아름다운 성공이다

고대 철학은 "성공한 삶이란 무엇인가?" 혹은 "어떻게 성공할 것인가?"와 같은 일련의 질문에 대해 사유할 수 있는 환상적인 도구 상자를 선사한다.

이 근본적인 질문에 정해진 답은 없다. 새로운 답이 끊임없이 나올 수 있기 때문이다. 모든 사람은 자기 자신의 인생에 한하여 이 질문에 답할 수 있으며, 타인을 대신하여 이 질문에 답할 정당성을 가진 자는 없다. 이것은 수 세기 전부터 이어져온 사실이다. 우리의 부모, 부모의 부모, 그리고 우리의 자식들도 계속해서 어떻게 살아야 하는지, 어떤 것을 받아들여야 하는지, 어떤 것을 바꿔야 성공적인 삶, 살 만한 삶을 만들 수 있는지 고민하고 있으며, 앞으로도 그럴 것이다.

하지만 질문을 던지고 고민하는 것으로는 부족하다. 게다가 존재론적 질문에 대한 답은 대부분 행동으로 나타나지 않던가. 우리가 내린 선택이 우리 얼굴에 고스란히 드러나듯이. 사실 각자의 삶 전체가 이 질문에 대한 답이며, 우리 자신은 그 답의 초상화라고 할 수 있다. 때로 그 답은 아주 간단하다. 우리는 설거지를 하고, 빵을 굽고, 혹은 집에서 변화를 꿈꾸며 무언가를 만들어내면서 "성공한 삶이란 무엇인가?"에 대한 답을 찾을 수 있다. 성공한 삶은 실패, 실수, 시행착오가 없는 삶을 의미하지 않는다. 캐나다의 음유시인 레너드 코헨이 노래했듯, 모든 것에는 결함이 있기 마련이다. 패티 스미스의 경험에서도 그것을 알 수 있다.

●

존재론적 질문의 답은 대부분 행동으로 나타나지 않던가.
우리가 내린 선택이
우리 얼굴에 고스란히 드러나듯이.

●

2016년 12월 10일 토요일, 패티 스미스는 밥 딜런을 대신하여 노벨문학상 시상식에 참여하기 위해 스웨덴의 스톡홀름으로 향했다. 시상식이 시작되었고, 그녀는 스웨덴 국왕을 비롯한 세계 최고의 지성인 집단 앞에서 밥 딜런이 쿠바 미사

일 사태에 영감을 얻어 작곡한 전설적인 곡〈세찬 비가 오려 하네A Hard Rain's a-Gonna fall〉를 공연했다.

바로 그때였다. 패티 스미스는 어렸을 때부터 이 노래를 수도 없이 불렀고, 가사를 처음부터 끝까지 완벽하게 외우고 있다고 자신했다. 하지만 갑자기 튀어나온 걸림돌에 맞닥뜨렸다. 전 세계로 중계되는 수많은 카메라 앞에서, 스웨덴 국왕 앞에서, 위압적일 정도로 명석한 사람들 앞에서, 일순간 모든 것이 멈춰버린 것이다. 패티 스미스의 기억에 아찔한 구멍이 뚫렸고 가사가 떠오르지 않았다. 그녀는 노래를 멈춘 다음 마음을 추스르고 관객들에게 사과했으며, 곧 격려의 박수를 받았다. 하지만 물은 이미 엎질러진 상태였다.

어느 정도 시간이 지난 후, 패티 스미스는 이 일이 인생 최대의 트라우마를 남겼으며 가장 치욕적인 사건이었다고 고백했다. 그녀는 아무 이유 없이 무대 위에서 갑자기 굳어버렸다며 이렇게 말했다. "제가 할 수 있는 유일한 일은 진실을 고백하는 것이었습니다. 진실을 말하면 사람들은 용서하거든요." 시상식 다음 날, 놀랍게도 노벨상 수상자들과 석학들을 비롯한 모든 참석자들은 그녀가 이러한 시련을 겪게 되어 매우 기뻤다고 말했다. 그들은 그 사건을 일종의 교훈, 선물, 메타포로 받아들였다. 패티 스미스에게 이러한 시련이 닥쳤다면, 연구자들을 포함한 그곳에 있는 모든 사람들에게도 (그들이 어떤 일을 하든) 같은 일이 벌어질 수 있다는 사실을 깨달은 것이다. 패티 스미스가 공연 중 가사를 잊고, 그것을 공개적으로 고백하고, 공연을 이어간 것은 위험을 감수한 행위였다. 위험을 감수한다는 것은, 비록 넘어진다 해도 그 자체로 하나의 성공이다.

어쩌면 실패는 가장 아름다운 성공이 아닐까?

미래,
그 미지의 것

내일의 세상, 앞으로 다가올 세상은 바로 우리가
만들고 우리가 맞이할 세상이다.

우리는 미래를 계획하고, 예상하고, 예측하고, 예견하고, 메모
장에 30분 단위로 일정을 적고, 달력에 기념일들을 적고, 스케
줄러 앱을 채우고, 기차와 비행기 시간표를 검색하고, 할 일 목
록을 작성하고, 휴가 계획을 세우고, 공동양육자로서 자녀를
만날 날짜를 미리 정한다. 한 손에는 다이어리를 들고 손목에
는 시계를 차고, 인간의 절대적 지배자인 시간을 구조화하기
위해 수일, 수개월, 수년을 흘려보낸다. 그러는 와중에도 시간
은 어김없이 흐르고 제 갈 길을 간다.

몇 시 몇 분의 개념을 넘어서, 시간이란 무엇일까? 시간을 인식하는 것은 무엇일까? 좀처럼 사라지지 않는 우리의 내면 깊은 곳에 생기는 주름과 우리 눈가에 잡히는 주름은 무엇을 의미할까? 잔주름과 피부의 갈라짐, 깊은 주름은 시간이 남긴 흔적이다. 우리는 과거의 시간에 대해서는 잘 알지만, 앞으로 일어날 수 있는 일을 상상하고 필연적으로 혹은 우연히 일어날 일을 상상하는 것은 우리에게 완전한 미지의 영역이자 절대적인 미스터리이다.

그리스어 Anankè와 라틴어 Fatum은 '필연'적으로 일어나는 사건을 의미한다. 이 단어들은 관점에 따라 미지의 운명 또는 섭리를 의미하기도 한다. 이렇듯 주위에서 연속적으로 일어나는 사건, 소식, 화제, 정보 등은 인간이 통제할 수 없는 것이기에 몇몇 선조들은 예언이나 예지라는 모험에 도전했다. 이것이 바로 '예언자prophete'라는 단어가 뜻하는 바이다. 예언자는 신탁이나 점쟁이, 델포이 신전의 무녀 피티아Pythia와 마찬가지로 어떤 사건이 일어나기 전에('pro') 말하는(말하다는 뜻의 동사 'phêmi'에서 파생된 'phari') 사람, 즉 미래를 내다보는 말을 하는 사람이다. 그리스 전통에서는 의아하게도 눈이 반쯤 먼 테이레시아스나 맹인이었던 호메로스와 같이 눈이 잘 보이지 않는 사람들이 미래를 예지할 수 있었다. 테이레시아스는 오이디푸스의 범죄를, 호메로스는 사람들의 영혼 안에서 향수병이라는 특별한 감정이 싹트는 것을 예견했다. 향수병을 뜻하는 'nostalgia'(νόστος[nostos]는 복귀, ἄλγος[algos]는 고통을 의미)는 독일 낭만주의 작가와 시인, 음악가들이 그리움Sehnsucht이라고 불렀던 영혼의 상태와 기분Gemütstimmung을 지칭한다. 또한 필연적으로 사라진 과거의 욕망에 대한 향수를 뜻하기도 하고, 어린 시절 꿈꾸던 실낙원 즉 과거에 대한 고통스러운 동경을 의미하기도 한다.

과거는 우리가 지나온 시간이므로 돌아볼 수는 있지만 객관적으로는 이미 흘러간, 그러니까 돌이킬 수 없는 시간이다. 반대로 미래는 다성음악으로 이루어진 우주적 즉흥곡처럼 앞으로 일어날 일을 향해 열려 있다.

그런데, 잠시 후나 내일, 한 시간 후, 다음 달 등 오지 않은 미래를 말할 때 '다가온다'라는 표현을 사용하는 까닭이 무엇일까?

"미래는 다가오는 것이 아니라 우리가 만들어가는 것이다." 시간이라는 질문에 천착했던 철학자 앙리 베르그송의 이 한마디가 브뤼셀의 익셀과 부아포르 마을 사이, 기차가 통과하는 사거리 다리 아래에 흰색 바탕에 파란색 대문자로 새겨져 있다.

> **"**
>
> 미래는 다가오는 것이 아니라 우리가 만들어가는 것이다.
>
> 앙리 베르그송 Henri Bergson
>
> **"**

　　예언자든 마법사든 델포이 신전의 무녀든, 앞으로 일어날 일을 진정으로 예견할 수 있는 사람은 없다. 하지만 현재 우리가 하는 일이 다가올 일에 어느 정도 영향을 미친다면, 미래가 어느 정도 우리의 선택의 결과라면, 우리는 고삐를 늦추지 않고 계속해서 노력하고, 반항하고, 우리의 욕망이 가진 힘을 동원하여 우리가 그토록 살고 싶어하는 세상을 다가오게 해야 한다. 베르그송의 말대로라면 내일의 세상, 앞으로 다가올 세상은 바로 우리가 만들고 우리가 맞이할 세상이다.

산 정상에 도달했다면 계속 걸어라.

선불교 격언

문을 위한
시학 詩學

1월은 전환점이자 달력의 기준이 되는 달이다. 우리는 한 해가 시작되는 이 시기를 왁자지껄하게 기념한다. 12월에서 1월로 넘어가는 자정에 소란을 피우는 것은 시간을 정하는 행위만큼이나 오래된 관습이다.

프랑스어 1월Janvier은 로마의 신 야누스Janus의 이름에서 비롯된 단어다. Janua는 문을 의미하고, Janitor는 문지기를 의미한다. 통로를 의미하는 문의 신이 바로 야누스다. 1월이 시작되는 새로운 문턱에서 누가 문을 두드리는가? 어떤 놀라움이 우리를 기다리고 있는가? 그의 이름은 무엇이며 어떤 얼굴을 하고 있는가? 어떤 목소리를 지녔으며 그 소식을 알리는 전령은 누구인가? 누구도 시간이 우리를 위해 무엇을 준비해두었는지 알지 못하며, 누구도 시간이 우리에게서 무엇을 빼앗아갈지 알지 못한다. 그것이 바로 시간의 법칙이다. 시간은 끊임없이 움직이는 미스터리이고, 운명의 신 파르카이Parcae는 '한발 떨어져서' 우리를 보살핀다.

이름부터가 '문'을 의미하는 야누스는 시작과 끝, 통로와 선택의 신이다. 야누스는 가는 것과 오는 것의 신이기 때문에 두 개의 얼굴을 지녔다. 한 얼굴은 과거, 뒤, 황혼, 지난 1년 동안 쏟은 노력, 고통, 즐거움, 극복한 도전들을 바라본다. 또 다른 얼굴은 새로운 해가 시작되는 지금, 우리를 향해 다가오고 우리를 기다리는 노력, 성공, 고통, 즐거움, 극복할 도전들을 바라본다. 야누스는 테베레 강의 우안에 위치한 언덕의 정상에 살며 사람들의 숭배를 받았는데, 이곳이 에트루리아의 지배를 받던 자니콜로 언덕이다. 야누스는 고대 로마 사람들의 교통 요충지이자 수많은 말과 행동들이 오가는, 생활의 중심지인 포로 로마노 근처에 자신의 신전을 두었다. 완전히 과거의 신도 아니면서 완전히 미래의 신도 아닌 야누스는 추상적인 시간의 신이다.

1월의 수호신이 존재하는 이유는 이 모든 것, 그러니까 선택을 하고 시간에 맞서는 것이 매우 큰 도약을 필요로 하기 때문일 것이다. 이 도약은 그 자체로 창조의 움직임이다.

18세기 말, 요제프 하이든은 천지의 창조를 이야기하는 오라토리오 〈천지창조〉를 작곡했다. 신실한 기독교인이 작곡한 이 작품에서 우리는 환희의 놀라운 힘을 느낄 수 있다. 장장 2년이라는 시간 동안 악보를 써내려간 하이든은 "길이길이 연주될 작품이라는 것을 알았기에, 많은 시간을 들였다"고 고백했다.

이것이 〈천지창조〉가 일회용 시대, 인스턴트와 피드와 모바일의 시대를 사는 우리에게 선사하는 '작업 비밀'이다. 오랜 세월 건재하기 위해서는 끈질긴 작업과 집요함과 완고함이 필요하다. 오래도록 남는 것들을 만들어내려면 시간을 들여야 한다. 사랑이 그러하듯이.

새벽의
노래

동이 트고 인간이 잠에서 깨는 행위는 몇 시인지
와는 무관하게 항상 어떤 시작을 의미한다.

언뜻 혼란스러워 보일 수 있지만, 자연의 주기는 규칙적인 움
직임으로 반복된다.[1] 매일 아침 지평선 너머로 해가 뜨고, 매일
저녁 해가 진다. 이러한 현상은 인간의 의지와는 무관하게 일
어난다. 마치 폭풍처럼, 비처럼, 눈처럼, 낙엽처럼, 계절의 변화
처럼. 그리고 죽음처럼. 하나같이 너무나 자연스러운 현상이
며, 인간의 힘으로 어찌할 수 없는 일이다. 세상은 자의적으로
움직이며, 우리는 그 움직임을 선택할 수 없었고, 세상을 통제
할 수도 없기 때문이다.

가령, 동이 트고 인간이 잠에서 깨는 행위는 몇 시인지와는 무관하게 항상 어떤 시작을 의미한다. 하루가 시작되는 고요 속에서 시원한 물, 라테 마키아토, 레몬차를 한 모금 음미할 때 우리는 온전한 모습으로 새벽을 맞이하는 기쁨을 느낄 수 있다. 모든 새벽이 하나의 시작이라면 장자가 말한 '만물의 시작'에 다가가는 '고귀한 즐거움'이 존재하는 것이다.

물론, 우리는 바보가 아니고 순진하지도 않다. 우리는 많은 것들이 끝났다는 사실을 알고, 파멸과 결말, 패배가 있었으며 이것들이 앞으로도 반복되리라는 사실을 알고 있다. 하지만 마치 새해처럼, 태양이 다시 떠오르면 새로운 아침이 열리고, 새로운 것들의 도래가 예고된다. 위대한 시작은 떠들썩한 속삭임으로 예고되는 경우가 많기에 우리는 종종 새로운 것들을 느끼거나 인식하지 못한다.

"

운명에 복종하고,
파편화되고 불안정한 삶을 사는 대신,
나는 마음을 다잡고 행동한다.

장 프랑수아 빌레터Jean-Francois Billeter

"

2012년 11월 9일, 스위스 출신의 중국학자 장 프랑수아 빌레터는 40년을 함께한 삶의 동반자를 잃었다. 그는 제라르 드 네르발의 책을 참조하여 쓴 책 『또 다른 오렐리아』[2]에서 배우자와의 이별과 부재의 경험을 자세히 다룬다. 뒷표지에 쓰인 저자 소개는 최소한의 단어로 모든 것을 요약하고 있다. "우리는 무엇으로 이루어져 있는가."

장 프랑수아 빌레터는 부재와 침묵, 이별로 황폐해진 자신의 내면을 묘사하며 3월 6일자 일기에 이렇게 적는다. "운명에 **복종**하고, 파편화되고 불안정한 삶을 사는 대신, 나는 마음을 다잡고 **행동**한다."[3] 그는 '복종하다subir'와 '행동하다agir'를 강조하여 이 역동적인 단어 한 쌍의 대비를 부각시켰다. 매일 움직이고 있다는 것은 '행동하다'를 선택하는 것이며, 괴로워하고 견디고 시달리는 것을 멈추는 것이다. '행동하다'는 이 모든 난관에도 삶을 이어감을 선택하는 것이며, 밝아오는 새날에 새로 시작되는 해에 대한 믿음을 갖는 것이다.

우리는 어떤가? 우리가 해야 하는 일을 기준으로 우리에게 남겨진 시간을 계획할 수 있는 지혜를 얻는다면 어떨까? 결국 이 세상을 만드는 것은 우리의 행동이기 때문이다. 우리의 행동은 우리 자신을 변화시킴으로써 우리 안에서 세상을 변화시킨다.

우리는 무엇으로 이루어져 있는가? 셀 수 없이 많은 관계로 이루어져 있다. 우리는 뜨개질을 하듯 매일매일 그 관계를 연결하면서 저마다의 역사를 만들어나간다. 때때로 우리는 선택이나 우연, 필연 혹은 부조리에 의해 관계를 상실한다. 이는 어떠한 위로나 회복, 변화도 동반되지 않는 경험이다. 그러나 다음의 선불교 격언은 **그럼에도 불구하고**, 우리가 잃은 모든 것에도 불구하고, 고개를 들고 앞으로 나아가 행동하고 새벽과 새해를 맞이하고 계속해서 살아가라고 명령한다. "산 정상에 도달했다면 계속 걸어라."

스스로를
초월하다

우리의 역사책, 기념물, 기념관 그리고 기억은 조
국을 위해, 믿음을 위해, 사랑을 위해, 자신보다
더 큰 가치를 위해 희생한 모범적인 인물들로 가
득 차 있다.

비록 대단하지 않지만 그럼에도 역사의 한 장이라고 할 수 있
는 우리의 일상에서 사심 없는 하나의 몸짓, 결정, 행동을 통해
선善이 존재한다는 감정을 일깨우고 놀라움을 자아내는 사람들
이 있다. 모든 비열함과 옹졸함 사이에서도 인간이 대단한 무언
가를 이뤄낼 수 있다는 감정 말이다. 누군가는 강도를 몰아내
고, 누군가는 병마와 싸우고, 누군가는 다른 이들이 아직 꿈 속
을 헤맬 때 일어나고, 누군가는 다른 이들이 일어나는 시간에
잠자리에 든다. 다른 이들에게 도움의 손길을 뻗어 생명을 구하

는 사람들도 있다. 어떤 사람이든, 어떤 진영에 있든, 지구상 어느 곳에서 살든 생명 자체가 가치를 가진다고 믿기 때문이다. 그들은 인간이 취약한 존재이며 절대적인 가치를 품고 있다는 사실을 안다. 그래서 우리는 그들을 영웅이라고 부른다.

오스트레일리아의 제임스 해리스는 60년 동안 헌혈을 하면서 240만 명의 아기를 구했다. 비행사 태미 조 슐츠는 심하게 손상된 뉴욕발 댈러스행 비행기를 필라델피아에 비상착륙시켜 수많은 목숨을 구했다. 암살된 몰타의 영웅 기자 다프네 갈리지아의 이름은 국가의 부정부패를 탐사하는 프로그램의 제목이 되었다. 프랑스 헌병 대령 아르노 벨트람은 트레브에서 40세의 슈퍼마켓 종업원과 자신의 목숨을 맞바꿨다. 예상치 못한 도움을 받아 목숨을 구한 종업원 쥘리는 지금도 그날의 충격에서 벗어나지 못한 채 은둔하며 살고 있다. '가까스로 건진 이 목숨이 헛되지 않기 위해 어떻게 살아야 할까?'라고 스스로에게 묻고 있는 것이리라.

●

평범하기 그지없는 우리 삶에서도
위험을 감수하지 않고는
영웅적인 행위를 하거나 자신을 초월할 수 없다.

●

2018년 여름. 바르 지역 라마투엘 마을의 팜펠론 해변에서 한 여성이 파도에 휩쓸린 어린이를 구하다가 익사하고 말았다. 이 여성은 철학자이자 정신분석가인 안느 뒤푸르망텔이다. 비극을 예감하기라도 했던 걸까? 그녀는 『위험 예찬』[4]이라는 책에서 용기에 관해 사유하며, 자신들의 생존만을 신성시하고 개인의 영광만을 찬양하는 '유해한' 안보 이념이 득세하면서 타인을 위해 위험을 감수하는 일이 드물어지고 있다고 진단했다. 정신분석가이기도 한 그녀는 이 에세이에서 프리드리히 횔덜린의 문장을 언급했다. "위험이 있는 곳에 언제나 구원도 자란다."[5]

『일리아스』와 『오디세이아』는 영웅들의 이야기를 담은 서사시이다. 아킬레우스는 그의 육체적 힘과 용맹함으로 영웅 칭호를 얻었다. 『일리아스』에서 그는 길고 소박한 삶보다 짧고 화려한 삶을 선호한다고 선언한다. 아킬레우스의 뒤꿈치는 영웅조차도 완벽하지는 않다고 말하지만, 그는 집념을 발휘하여 트로이 전쟁에서 엄청난 업적을 남겼고, 서양에서 영웅의 본보기가 되는 상징적 인물로 남았다. 『일리아스』에서 아킬레우스는 전투 중 무력에 의해 죽음을 맞이하는 영웅이고, 오디세우스는 계략으로 죽음을 모면하는 영웅이다. 아킬레우스는 용감하고 오디세우스는 기발하다. 오디세우스는 호메로스가 『오디세이아』에서 그를 'Andra […] polytropon' 즉 천 가지 속임수와 책략, 술수의 남자로 명명하기 전부터 이미 수많은 계략을 꾸미는 자였다. 오디세우스는 끊임없이 위험을 감수하며 때로는 울기도 하는 영웅이다.

평범하기 그지없는 우리 삶에서도 위험을 감수하지 않고는 영웅적인 행위를 하거나 자신을 초월할 수 없다. 그러므로 자기 자신에게 이렇게 물어보라. "우리는 어떤 조건에서 스스로를 초월한다고 느끼는가?" 과연 우리는 오늘 누구를, 무엇을 위해서 모든 것을 잃을 위험을 무릅쓰고 목숨을 바칠 준비가 되어 있는가? 물론 가미카제처럼 극단적인 방식은 제외하고 말이다.

이타카는
길이다

오디세우스는 복적지에 반드시 도달해야 한다.
오디세우스는 자신의 이타카에 반드시 도달해야
한다.

모험과 반전을 이야기하는 『오디세이아』 9장에서 오디세우스
와 그의 동료들은 바위섬에 도착했다. 시르테 해안에 위치한
그곳은 오디세우스의 최종 목적지가 아니었다. 절대적인 궁극
의 섬 이타카로 가는 길에 지나치게 될 수많은 섬 중에서 하나
일 뿐이었다. 이타카는 아내와 아들, 충실한 하인과 개 아르고
스, 그리고 자신의 왕국을 찾기 위해 반드시 돌아가야 하는 결
의와 의지의 대상이었다.

바위섬은 로토스 열매를 먹는 로토파고스족이 거주하

는 섬이었다. 로토스 열매는 고대 이집트의 식물학자들 사이에서 잘 알려진 야생 식물로, 그리스의 역사가 헤로도토스가 언급한 적이 있으며, 튀니지에서 모로코까지 이어지는 해안에 자생한다. 이 상상 속 섬이 제르바라는 주장도 있었으나, 그곳은 해안을 따라 높은 모래톱이 이어지기 때문에 선박들이 정박하기가 거의 불가능해 보인다. 따라서 합리적으로 추론해보면 이 섬은 오디세우스가 지중해를 모험하다가 지나칠 법한 가베스만일 수 있다.

로토파고스는 정이 넘치는 섬이었고 주민들은 매우 자비로워서, 섬에 한번 들어온 자들은 그곳을 떠나지 않으려 했다. 이 섬은 망각과 기억 상실, 과거와 단절된 현재형 행복의 섬이다. 이 섬에 도착한 오디세우스의 동료들은 자신이 누구이며 어디에서 왔는지 망각하고 말았다. 그리스 학자 장 피에르 베르낭은 자신의 저서 『우주, 신, 인간』[6]에 다음과 같이 썼다. "로토스를 먹는 자는 인간처럼 살지 않는다. 그는 과거의 기억을 잃고, 자기 자신에 대한 인식을 잊는다."[7]

그러나 오디세우스는 기억하는 존재였다. 그는 자신의 전성기 시절 모습을 그대로 간직하고 있었다. 그는 20년 전의 자신과 다르지 않았다. 그는 아무것도 잊지 않았으며, 기억과 추억이 가진 압도적인 힘을 통해 자신의 욕망을 포기하지 않고 앞으로 나아가고 있다. 오디세우스는 목적지에 반드시 도달해야 한다. 오디세우스는 자신의 이타카에 반드시 도달해야 한다.

그리스의 시인 콘스탄틴 카바피는 「이타카」라는 아름다운 시를 썼다. 알렉산드리아 출신인 그는 분명 알프레드 테니슨이 같은 주제로 쓴 시를 읽고 큰 영감을 받았을 것이다. 카바피는 이후 10년 반 동안 자신의 시적 영토인 이타카를 가꾸었다. 선구자가 일궈놓은 땅을 다듬고 정비하고 자신의 영혼과 단어를 그곳에 심었으며, 결국 1911년 완전한 아름다움을 지닌 시를 수확했다. 그 시는 다음과 같다. "당신이 이타카로 떠날 때,/ 그 길이 먼 길이기를 바라며,/ 모험과 경험이 가득하기를 바라라."[8]

프랑스 시인 마르그리트 유르스나르가 번역한 이 시는 『오디세이아』와는 상반된 의미를 전달하고 있다. 존재의 본질적 차원을 다루는 이 시는 다음과 같이 간단하게 요약된다. '목표를 가져야 하는 것은 물론이다. 하지만 목표는 그 자체로 목적이 아니며, 열린 지평 또는 방향이라는 것을 마음에 새겨야 한다. 중요한 것은 목표 달성 그 자체가 아니라 목표를 향해 나아가는 길, 방식, 그 '여정'에 있다. 목표를 성취한다는 것은 우리를 움직이는 동인이 사라지는 것이기에, 곧 우리의 죽음을 의미하기도 한다.'

"

그 길이 먼 길이기를 바라라.

콘스탄틴 카바피Constantin Cavafy

"

　시인은 말한다. "그 길이 먼 길이기를 바라라." 이는 우리가 섬을 향하여 돛을 펴고 항해하는 동안 결코 서두르지 말고 시간을 들여서, 최대한 굽이굽이 돌아 풍부한 경험을 가진 존재로 거듭날 것을 권유하는 메시지이기도 하다. 이 시를 인간의 모험에 대한 은유, 우리를 갈망하는 존재로 만드는 것에 대한 은유로 본다면, 우리의 섬 즉 최종 목적지인 이타카에 당도할 때까지 매일 얼마나 풍부한 경험과 지식을 축적했는지가 아름다운 삶을 판단하는 척도가 된다.

　카바피의 시는 다음과 같이 우아하고 장엄하게 끝난다. "혹여 이타카가 형편없다고 느끼더라도, 이타카는 당신을 속이지 않았다. / 그토록 많은 경험을 통해 현명해졌으니, 당신은 마침내 이타카의 의미를 이해하게 된 것이다."

망자들이 원하는 것은
무엇인가?

기억한다는 것은 재구성하고 재건하고 재편성하는 것이다.

2018년 7월 24일 화요일, 스무 살 범고래 탈레쿠아가 캐나다의 브리티시컬럼비아 주 빅토리아 근해에서 새끼를 낳았다. 새끼는 생후 1시간 30분 만에 목숨을 잃었다. 사흘 후, 그곳에서 240킬로미터 떨어진 곳에서 어미가 발견되었다. 어미는 죽은 새끼가 가라앉아 먹잇감이 되는 것을 막고자 계속 새끼를 수면 위로 밀어올리고 있었다.

애도 의식을 치르는 동물들은 드물지 않다. 고래들은 노래를 부르고 춤을 추며 애도를 표한다. 하지만 탈레쿠아의 경우는 특별했다. 자식의 죽음을 받아들일 수 없다는 듯, 몇 주에 걸쳐서 그 시체를 시애틀 앞바다까지 끌고 갔기 때문이다.

이제 우리는 끈질긴 인류학적 편견에 맞서 죽음에 대한 인식은 인간의 특권이 아니며, 동물 또한 돌이킬 수 없는 죽음을 알고 슬퍼한다는 사실을 인정해야 한다. 평생 한 파트너에게 충실하다는 기러기들은 죽은 짝을 애도하며 한동안 무리에서 벗어나 생활하다가 짝을 잃은 또다른 기러기가 나타난 경우에만 다시 짝을 이룬다. 우리는 주인의 시신 앞에서 울부짖는 개, 고양이 친구의 죽음에 눈물을 흘리는 원숭이 등 다양한 경우를 목격했다. 코끼리도 마찬가지이다. 코끼리 묘지는 전설 속에 나오는 이야기 같지만, 고대 로마의 작가이자 박물학자인 대大 플리니우스는 기원후 77년에 집필한 37권의 기념비적 작품『자연사』를 통해 코끼리들은 자신의 무리에서 코끼리 한 마리가 죽으면 그의 시체 근처에 오랫동안 머무른다고 언급했다.

인간은 물론이고, 포유류를 비롯한 다른 동물들도 죽음을 지키고 죽음을 애도하는 시간을 가진다. 상실이 일어나면 애도를 '해야fait' 하는 것이다. 프로이트가 '애도하다faire son deuil'라고 표현한 것처럼 말이다.

●

이때 결핍은 단순히 견뎌야 하는 고통이 아닌
우리에게 조금씩 살 맛을 되찾아주는
적극적인 추념의 과정이다.
우리가 애도에 전념하는 동안
죽은 자와 떠난 자는 우리의 내면에 자리하게 된다.

●

애도를 '한다faire'는 것은 상실과 부재, 슬픔을 딛고 자신을 다시 일으켜 세우는 과정이다. 이때 결핍은 단순히 견뎌야 하는 고통이 아닌, 우리에게 조금씩 살 맛을 되찾아주는 적극적인 추념의 과정이다. 따라서 우리가 애도에 전념하는 동안 죽은 자와 떠난 자는 우리의 내면에 자리하게 된다.

●

죽은 자들은 기억되기를 원하며,
기억하는 행위는 필연적으로
창조와 스토리텔링, 내레이션 행위와 연결된다.

●

조상의 넋을 기리는 날이 오면 우리는 온갖 방식으로 망자들을 떠올린다. 망자들도 또 다른 수만 가지 방식으로 우리에게, 우리의 기억에 나타난다. 『죽은 자의 행복. 남은 자들의 이야기』[9]에서 철학자이자 심리학자, 행동학자인 뱅시안 데스프레는 우리가 망자와 맺는 관계에 천착했다. 그 연구 결과는 화려한 장례식 화환이 그려진 책 표지에 잘 드러나 있다. 하지만 화환의 어느 곳에서도 국화를 찾아볼 수 없다. 그리고 겉표지에는 "애도하는 일을 끝내기 위해"라는 문구가 적혀있다. 뱅시안 데스프레는 망자들이 우리를 삶으로 이끄는 존재임에 주목하고, "망자들이 원하는 것은 무엇인가?"라는 신선한 질문을

던진다. 그녀는 죽은 자들은 기억되기를 원하며, 기억하는 행위는 필연적으로 창조와 스토리텔링, 내레이션 행위와 연결된다고 선언한다. 뱅시안 데스프레는 또한 라틴어 rememorari에서 유래한 단어인 기억하다remember에서 추모remembrance로 어형 변이가 일어났다며, 기억한다는 것은 재구성하고 재건하고 재편하는 것임을 강조한다.

우리가 죽은 자들, 사라진 자들, 보이지 않는 자들을 기억하고 떠올리고 그들의 넋을 기리는 것은 결국 그들의 시적이고 신비로운, 그러나 확인할 길 없는 염원에 답하는 일은 아닐까? 영영 돌아올 수 없지만 우리를 통해 '기억되고' 계속 살아남기를 원하는 염원 말이다.

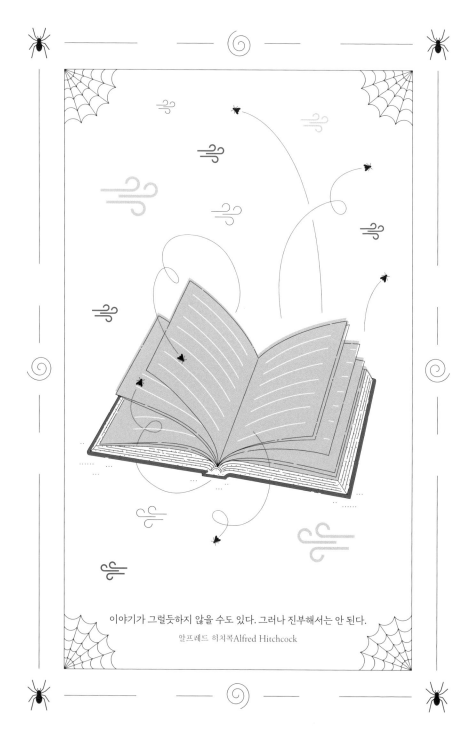

이야기가 그럴듯하지 않을 수도 있다. 그러나 진부해서는 안 된다.

알프레드 히치콕Alfred Hitchcock

파리와
거미

"거미의 가르침은 파리를 위한 것이 아니다."

앙리 미쇼Henri Michaux

영장류에 속하는 인간이 말을 한다는 것은 예외적인 일이다. 하지만 인간은 거기서 그치지 않고 쓰기와 문법, 철자법 및 철자 규칙, 의성어, 언어학, 번역 등 '어떻게' 말해야 하는지에 대해 실로 많은 지식을 축적했다. 그러나, 우리는 인간이 말하는 영장류가 된 이유를 아직도 알지 못한다. 우리가 '왜' 말을 하는지에 대한 질문은 지적이고 사치스러운 추측이 가득한 상상의 세계로 우리를 이끌고 있다.

우리는 같은 이야기를 수백 가지 다른 방식으로 하고,

수백 가지 이야기를 한 가지 방식으로 하기도 한다. 발음을 대충 흘리거나, 몇 페이지를 그냥 넘기거나, 형용사 하나 바꾸는 것조차 용납하지 않는 아이들이 우리를 감시하고 있을 때면 특히 그러하다. 아이들은 이야기가 거짓이거나 터무니없거나 불가능할지언정, 있는 그대로에 충실해야 한다고 굳게 믿고 있기 때문이다.

철학자 한나 아렌트는 우리가 이야기로 이루어진 존재이며, 삶(우리의 삶, 타인의 삶, 이야기로 풀어낸 위대한 신화)은 저마다의 특별한 경험에 입체감과 의미를 부여한다고 설명했다. 실제로 이야기에는 흩어진 것을 하나로 모으는 기능이 있다. 우리가 이야기를 하는 이유는 우리가 사물이 아니라 사람이기 때문이며, **무엇**이 아니고 **누구**이기 때문이고, 의미를 찾는 존재이기 때문이다.

유대교의 하시디즘 전설에는 17세기에 훌륭한 이야기꾼으로 유명세를 떨친 한 랍비가 등장한다. 그의 이름은 나흐만 드 브라슬라브. 그는 자신의 일곱 번째 이야기에서 파리와 거미에 대해 이야기한다.

●

삶은 저마다의 특별한 경험에 입체감과 의미를 부여한다.

●

수많은 전투에서 승리를 거둔 위대한 왕이 매년 생일에 배우와 예술가, 풍자 만화가, 고위 인사들을 불러 연회를 열고, 자신이 정복한 국가를 하나하나 조롱하며 축제를 벌인다. 축하 공연은 각 국가의 풍습과 양속이 기록된 책에서 영감을 받아 기획되었다. 왕이 그 책을 손에 들고 눈앞에서 벌어지는 생생한 소극과 책의 내용을 비교하고 있던 찰나, 책의 가장자리를 지나가는 거미 한 마리와 책장에 꼼짝 않고 앉아 있는 파리 한 마리를 발견했다. 거미는 파리를 잡기 위해 조심스럽게 가장자리를 기어 책장으로 향했지만, 갑자기 바람이 불어 책장이 넘어가고 말았다. 그래서 거미가 다시 원래 자리로 복귀하자, 책장도 제자리로 돌아왔다. 거미는 다시 한번 파리를 향해 출발했다. 그러나 다시 바람이 불었고, 책장이 넘어가 거미가 파리를 잡지 못하는 상황이 여러 번 반복되었다. 거미는 다시 한번 책의 가장자리에서 움직여 책장에 앉아 있는 파리를 잡기 위해 출발했다. 거미는 처음으로 파리가 있는 책장에 다리를 하나 올리는 데에 성공했지만, 바람이 다시 부는 바람에 책장이 올라갔다가 내려앉았다. 결국 거미는 책장 사이에 끼어버렸고, 바람이 멈춰 책장이 가라앉자 종이의 무게에 짓눌리게 되었다. 랍비는 "파리에게 무슨 일이 일어났는지는 말하지 않겠습니다"[1]라고 말했다.

랍비 니흐만 드 브라슬라브는 이야기를 시작하기 전에,

우리가 모든 것을 이해할 수 있는 이야기를 들려줄 것이라고 상상해서는 안 된다고 경고했었다. 이야기는 계속된다. 당황한 왕은 그것이 단순한 우연의 일치라고 생각하지 않았다. 자신이 목격한 에피소드에 파헤쳐야 할 숨겨진 의미, 교훈, 의의가 있다고 확신했다.

사실 그렇다. 의미를 찾는 이야기를 한다는 것은 온갖 형태와 종류로 우리 인류의 역사를 이야기하는 수천 개의 퍼즐 조각을 마법처럼 맞추는 것과 같다. 퍼즐 조각들은 뒤섞인 채 흩어져 있어서 어디서 시작해야 하는지 알 수 없는 경우가 많다. 그렇기 때문에 우리는 결집하고 서로 닮아가기 위해 황당무계한 이야기, 파리와 거미 이야기, 사랑 이야기, 잠자리, 설인 또는 나비에 대한 이야기를 늘어놓는다. 알프레드 히치콕 감독은 "이야기는 그럴듯하지 않을 수도 있다. 그러나 진부해서는 안 된다"라며, 중요한 것은 예상치 못한 결말이라고 말했다.

읽는다는 것은
무엇인가?

1798년, 인쇄 기술이 폭발적으로 성장하며 복제 가능성과 저작권 문제가 제기되자 칸트는 '책이란 무엇인가?'라는 물음을 던졌다.[2] 오늘날, 책이란 무엇이며 읽는다는 것은 무엇일까?

영국의 〈가디언〉은 디지털 독서가 현대인의 인지 능력에 미치는 영향에 대한 신경과학 연구[3]를 보도했다. '훑어 읽기skim reading'는 디지털 세상에서 행해지는 읽기 방식이며, 대각선 또는 겉핥기식 빠른 읽기, 부분적 읽기 혹은 '유동적' 읽기로도 표현될 수 있다. '훑어 읽기'는 우리로 하여금 19세기의 명작을 읽는 것을 포기하게 하고, 사회 전체의 '인지적 조바심'을 야기할 뿐만 아니라, 뇌의 분석 및 정보 처리 능력에도 직접적인 영향을 미치고, 동시에 사물의 이름다움과 타인의 감정을 이해하는 공감 능력을 저하시킨다.

온라인에서 글을 읽는 사람들은 가짜 뉴스와 선동에 훨씬 쉽게 휩쓸리곤 한다. 대충 넘겨보거나 속독하는 행위와 유사하다는 점에서 '훑어 읽기'는 마음을 빈곤하게 만든다. 따라서 상상하고, 해석하고, 추론하고, 지식을 받아들이고 비판적 사고를 하려는 우리의 정신을 메마르게 한다.

디지털 매체를 통한 읽기는 여러 부작용을 낳았으며, 그 영향이 객관적으로 관찰되고 있다. 실제로 오늘날 젊은이들은 임대 계약서나 공증 문서와 같이 복잡해 보이는 법률 텍스트를 끝까지 읽는 데에 어려움을 호소하고 있으며, 심지어 국민투표에 붙여진 질문을 이해하지 못하는 경우도 있다.

●

손에 책을 들고 다른 사람의 말을 내 안에 받아들이며
책과 함께 여행하는 것은 항상 놀랍고 즐거운 경험이다.
독서라는 행위는 사랑에 빠지는 것처럼 솔직하고 강력하고
결정적인 힘, 그리고 존재감을 지니고 있다.

●

읽기는 정치적 행위이다. 앞선 연구 내용도 결코 놀랍거나 혁명적인 사실은 아닐뿐더러, 누구라도 그 결과를 예측할 수 있었을 것이다. 하지만 우리는 이 연구가 내포하는 단어 '기하

학'의 핵심에 주의를 기울여야 한다. 이는 종이책 읽기의 '실재 함l'être là'이라고 감히 칭할 수 있는 물리적 존재, 그 공간성에 관한 이야기이기도 하다. 종이에 쓰인 글을 읽으며 우리는 말 그대로 책 속으로 빠져들고, 어렵지 않게 그곳으로 되돌아가 다시 공감하고, 자신이 읽은 것, 내면화한 것, 습득한 것을 가늠하고 세상에 대한 인식을 확장할 수 있다. 이렇게 만들어진 내면의 풍요는 디지털 읽기에서는 경험할 수 없는 지적이고 정서적인 과정이다. 반면 어떠한 글을 디지털 매체를 통해 부분적으로 읽었다면 우리는 그곳으로 돌아가고자 하는 욕망을 느낄 수 없다. 이유는 단순하다. 어디로 돌아가야 할지 모르기 때문이다.

빅토르 위고는 어디에 있었나? 그의 독서 안에 있었다. 마르셀 프루스트는? 프란츠 카프카는? 그들은 자신들의 책 안에, 그러니까 손만 뻗으면 닿을 수 있는 수많은 종이 안에 있었고, 단어의 물질 그 자체, 그리고 잉크와 종이의 냄새에 완전히 집중하고 있었다. 사실, 손에 책을 들고 다른 사람의 말을 내 안에 받아들이며 책과 함께 여행하는 것은 항상 놀랍고 즐거운 경험이다. 독서라는 행위는 사랑에 빠지는 것처럼 솔직하고 강력하고 결정적인 힘, 그리고 존재감을 지니고 있다. 몰입하여 제대로 읽은 책은 단순히 우리의 삶에 이정표를 제공해주는 것에 그치지 않는다. 독서를 사랑하는 것은 연인과의 데이트처럼 사랑의 서곡이 된다. 그렇게 독서는 우리를 보호한다.

수학쟁이와
아름다움

"아름다워 보인다면, 올바른 길로 가고 있을 확률이 높다."

세드릭 빌라니 Cédric Villani

전쟁은 단어의 문제이기도 하다. 한 정치인이 국회의 단상에 올라 젊은 수학자에게 훈수를 두면서 생존에 필수적이지 않은 정신 노동에 맞서 우리의 일상과 물질 세계를 지배하는 현실주의를 내세웠다.[4] 이는 민중이 엘리트에게 날리는 화끈한 치명타나 따귀로 보일 수도 있었다. 그러나 승리를 거둔 것은 오히려 수학자 쪽이었다. 마치 한 편의 우화처럼 말이다. 그 '수학쟁이'가 통쾌한 역전승을 거둘 수 있었던 것은 정치인에게 짧고 재치 있는 트윗을 보냈기 때문만은 아니다.[5] 핵심은 다른 곳에 있었다. 바로 전문가와 지식인에 대한, 혹은 과학과 지식이라고 총칭되는 것에 대한 지속적이고 체계적이며 억압적인 비판과 공격이다. 우리를 피곤하게 만드는 이러한 공작은 이미 상당한 성과를 거두었기에, 우리는 경계태세를 강화해야 한다.

세드릭 빌라니는 위대한 스타 수학자로, 수학계의 노벨상이라 불리는 필즈상을 수상했고, 푸앵카레 연구소 소장, 아틀랜타, 버클리, 프린스턴 대학 교수를 역임했다. 그의 이력서만 20장이 넘는다. 그는 아프리카수리과학연구센터의 센터장이기도 하다. 세드릭 빌라니와 긴 인터뷰를 진행한 스벤 오르톨리가 전하듯[6] 세드릭은 수학이 아프리카 성장의 열쇠라고 확신한다.

●

시인은 시를 쓰고 수학자는 공식을 만들지만,

그들이 하는 일은 결국

날마다 세상을 조금 더 읽기 쉽게 하는 작업이다.

●

긴 머리에 스팀펑크 옷을 입고 양말 바람으로 대강당을 활보하는 그는, 언제 어디서나 가슴팍을 장식하고 있는 거미 모양 브로치로 유명하다. 그는 볼츠만 방정식을 새로 수립하여 엄청난 영예를 얻은 수학자인 동시에 초월수[7]에 대해 노래하는 시인이기도 하다. 세드릭 빌라니는 블레즈 파스칼이 말한 기하학적 정신과 섬세한 정신을 모두 갖고 있다. 하지만 이를 개인적인 성향으로만 치부할 수는 없다. 수학자와 시인은 '어떤 것에 이름을 붙이고자 하는 매우 명확한 의지'라는 공통점을 갖고 있기 때문이다. 시인은 시를 쓰고 수학자는 공식을 만들지만, 그들이 하는 일은 결국 날마다 세상을 조금 더 읽기 쉽게 하는 작업이다.

그리고 시인과 수학자는 아름다움의 법칙에 따라 이러한 작업을 해나간다. 또 다른 프랑스 출신 필즈상 수상자인 장 피에르 세르도의 의견도 이와 다르지 않았다. 정리는 웅장하고 훌륭하다고 주장한 그는, 수학은 "마치 동화를 읽는 것과 같습니다. 다만, 그 동화에 나오는 모든 부분이 사실이어야만 하죠"[8]라고 말했다. 그는 92세의 나이로 일생 동안 좋은 아이디어가 두 번 떠올랐다고 말했다. 그중에서도 최고의 아이디어는 기차 여행을 하던 중 침대칸에 누워 있을 때 그를 찾아왔다고 한다.

우리 문명 사회는 숫자의 시인이 존재한다는 사실에 기뻐하며, 정치인이 '소위 아무 짝에도 쓸모없는 우수성'의 가치를 왜 인정하지 못하는지 고민해보아야 한다. 왜 '쓸모없는' 우수성은 본보기가 될 수 없을까? 왜 사람의 지능은 그 가치를 인정받지 못하고, 축하받지 못하며, 사회적 분열을 봉합하지도 못하는 것일까?

　　필즈 메달의 뒷면에는 고대 그리스의 수학자 아르키메데스의 옆모습과 함께 '자신 위로 올라서 세상을 꽉 붙잡아라'라는 문구가 새겨져 있다. 천하를 제패하려면 남보다 높이 올라야 한다거나 인간은 올라갈 수 없다는 의미가 아니다. 아르키메데스는 자신의 능력을 고양할 수 있는 지능을 지닌 우리가 스스로와 지능 조약을 맺을 것을 촉구하는 것이다.

　　세드릭은 수학 연구에 관해 이야기하며, "아름다워 보인다면 올바른 길로 가고 있을 확률이 높다"[9]라고 했다. 우리 인생도 마찬가지 아닐까? 어느 방향으로 나아가야 할지 고민될 때, 아름다움을 나침반 삼아 성찰할 수 있다면 어떨까? 이 질문에 대한 긍정적인 답변을 할 수 있다면, 그리고 미美를 우리 삶의 등대, 버팀목으로 삼는다면 올바른 길을 찾을 확률은 더 높아질 것이다.

속물근성과
퍼빙

오늘날에도 속물은 여전히 존재한다. 그는 '퍼빙'
의 광적인 팬이다.

1888년 12월 15일, 프랑스 소설가 마르셀 프루스트는 주느비
에브 스트로스에게 첫 편지를 보냈다. 그의 나이는 열일곱, 그
녀의 나이는 서른아홉이었다. 프루스트는 그녀에게 124통의
편지를 썼지만, 단지 13통의 답장만을 받았다. 그가 주느비에
브에게 보낸 어떤 편지는 "당신의 지고한 무관심으로 인해 / 저
는 쓰라린 황홀감에 젖습니다 / 당신의 가장 충직한 종이"라는
후대에 아주 유명해진 문장으로 끝을 맺는다.

주느비에브 스트로스는 작곡가 자크 알레비의 딸이었

고, 작곡가 조르주 비제의 과부였으며, 로스차일드 가문의 변호사 에밀 스트로스의 두 번째 부인이었다. 그렇다면 그녀의 직업은 무엇이었을까? 그녀는 메신 대로와 교차하는 오스만 대로 134번지 아파트에서 사교 살롱을 운영했으며, 그곳에서 재치 있는 농담을 주고받으며 시간을 보냈다. 그녀의 어록이 파리의 문학계를 돌다가 연극의 대사가 되는 경우도 있었다. 살롱을 찾는 손님들 중에는 폴 발레리, 기 드 모파상, 마틸드 공주, 폴 부르제, 에드가 드가 등이 있었다. 그녀는 마르셀 프루스트 작품에서 게르망트 공작부인의 모델이 되었으며, 오데트라는 인물에도 일부 영향을 주었다.

프루스트는 자신의 작품을 통해 어린 시절을 회상하고, 현실을 아름답게 승화하는 것을 즐겼다. 하지만 외부로 드러나는 속물근성을 관찰하는 것도 그가 좋아하는 작업 중 하나였다. 그는 속물근성을 가장 섬세하게 이론화한 작가이기도 했다.

속물snob이라는 단어의 역사는 로마제국시대까지 거슬러 올라간다. 'sine nobilitate(S.nob)'라는 단어는 귀족의 피가 흐르지 않음을 의미한다. 특별해 보일 것이 없으며, 평민으로부터 구분되는 타고난 품위나 표식이 없다는 것이다. 그래서 이러한 속물은 성공한 자의 모습을 모방하고, 상류층에 속하지 않는 민중을 업신여긴다. 나아가 자신이 탐하는 세계에 속하기 위해 다른 사람들을 광석으로 공격하는 일도 서슴지 않는다.[10]

●

천박하고 경멸적인 언행에

'snob'이라는 번지레한 가면을 씌울 수 있을지라도,

이는 모두 단어 결핍에 따라 나타나는 증상에 불과하다.

●

오늘날에도 여전히 존재하는 속물은 심각한 '퍼빙 phubbing' 중독자다. 전화기phone와 냉대snubbing의 합성어인 퍼빙은 대화 상대를 무시한 채 스마트폰 화면만을 응시하는 행동을 가리킨다. 하인리히 만[11], 데 제생트 공[12], 셰르부르의 변호사회 회장[13], 캉브르메르 부인[14]이 문학의 일부이듯, 퍼빙도 속물근성의 일부를 이룬다.

속물근성은 소유물, 즐겨 찾는 쇼핑지, 휴가지, 술집, 마트, 그리고 자주 교류하는 사람들을 통해서도 나타난다. 말하는 방식, 단어의 선택, 심지어는 발음도 예외는 아니다. 예컨대 속물은 온갖 종류의 상황에 '생각할 거리를 던져준다'라는 표현을 사용한다. 누군가를 평가할 때 '생각할 거리를 던져준다'라고 하고, 조금 난해한 작품도 '생각할 거리를 던져주며', 실패한 것인지 독창적인 것인지 알 수 없는 개념, 연출, 시도, 식사 모두 '생각할 거리를 던져준다'라고 품평한다. 속물에게는 그것이 무엇이 되었든 간에 '생각할 거리를 던져주는' 것으로 통일되고 만다.

•

유머와 재치가 영험한 위안이 되어

세상이 그나마 살 만한 곳이 되는 것처럼.

•

세상은 언어다. 서로 다른 것을 구분하고, 차이를 드러
내고, 잠재적으로는 소외를 만들어내는 언어다. 퀘벡의 시인이
자 가수 질 비뇨는 폭력을 '단어의 결핍'이라고 정의했다. 천박
하고 경멸적인 언행에 'snob'이라는 번지레한 가면을 씌울 수

있을지라도, 이는 모두 단어 결핍에 따라 나타나는 증상에 불과하다고 말이다. 그렇기 때문에 교육을 하고 인간을 만든다는 것은 정확하게 말하는 법을 가르치는 것과 마찬가지다. 사용하는 언어의 품격에 따라 우리가 세상에 부여하는 특성이 결정된다. 유머와 재치가 영험한 위안이 되어, 세상이 그나마 살 만한 곳이 되는 것처럼.

　　어느 콘서트홀에서 한 피아니스트가 클로드 드뷔시의 작품을 연주하고 있었다. 어디를 보아도 속물처럼 보이는 한 남자가 주느비에브 스트로스 부인을 바라보았다. 그는 이 연주가 '생각할 거리를 던져준다'라며, 거만한 태도로 "이건 팔각형 음악이군요"라고 말했다. 그러자 부인은 "그러게 말이에요!"라고 대답했다.

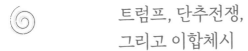

트럼프, 단추전쟁,
그리고 이합체시

이합체시는 각 문장의 첫 글자를 세로로 맞추면 단어가 완성되는 문학적이고 시적이며 시각적인 기법이다.

메리엄-웹스터 사전은 미국에서 최고 권위를 자랑하는 영어사전이다. 최근 들어 수많은 미국인들이 메리엄-웹스터 온라인 사전에 접속하여 '이합체시'의 의미를 검색하고 있다.[15]

이합체시離合體詩 는 각 문장의 첫 글자를 세로로 맞추면 단어가 완성되는, 문학적이고 시적이며 시각적인 기법이다. 고대 그리스어로는 아크로스티코스akrostikhos라고 하는데, 이 단어를 보면 이합체시의 뜻을 쉽게 연상할 수 있다. '높은, 극한의, 드높은'을 뜻하는 아크로스ἄκρος와 작시법에서 '행'을 뜻하는 스티코스 στίχος가 합쳐진 단어이기 때문이다.

음악 분야에서는 요한 제바스티안 바흐가 라틴어로 쓴 천재적인 이합체시가 큰 유명세를 얻었다. 바흐는 〈음악적 헌정〉의 서문에서, 이 작품을 자신의 벗이자 곡의 메인 주제인 프로이센의 왕 프리드리히 2세에게 바치며 다음과 같이 썼다.

Regis

Iussu

Cantio

Et

Relique

Canonica

Arte

Resoluta

해석하면 '이 작품은 왕의 명령으로 만들어졌으며, 나머지는 카논으로 이루어져 있다'라는 문장이 된다.

바흐는 바로 여기서 이합체시를 구현했다. 여덟 행의 첫 알파벳을 수직으로 읽으면 RICERCAR라는 신비로운 단어가 나타나는데, 이는 〈음악의 헌정〉 작곡에 쓰인 작곡 기법, 즉 푸가의 옛 형태를 지칭한다.

실화인지 아닌지 정확하게 밝혀지지 않았지만 유명세를 얻은 또 다른 이합체시가 있다. 그것은 알프레드 드 뮈세가 조르주 상드에게 보낸 편지에서 찾을 수 있다. 뮈세는 화려한 알렉상드랭(12음절시)으로 다음의 시를 썼다.

Quand je mets à vos pieds un éternel hommage

내가 당신의 발에 불멸의 경의를 표할 때

Voulez-vous qu'un instant je change de visage?

저의 낯빛이 변하길 바라시나요?

Vous avez capturé les sentiments d'un cœur

당신은 한 심장의 마음을 가져갔는데

Que pour vous adorer forma le Créateur.

그것은 조물주가 당신을 사랑하게 하기 위해 만든 것이죠.

Je vous chéris, amour, et ma plume en délire

그대여, 나는 당신을 사랑합니다. 그리고 광기에 휩싸인 펜이

Couche sur le papier ce que je n'ose dire.

제가 감히 발설할 수 없는 것을 종이 위에 쓰고 있습니다.

(바로 여기서 뮈세는 이 편지의 비밀을 풀 열쇠를 준다.)

Avec soin, de mes vers lisez les premiers mots

제가 쓴 행들의 첫 단어들을 정성스럽게 읽어주신다면

Vous saurez quel remède apporter à mes maux.

제 고통을 덜어줄 방법을 알게 될 겁니다.

굵게 표시된 첫 단어를 이어서 읽으면 'Quand voulez-vous que je couche avec vous(나와 언제 하룻밤을 보내겠소?)' 의 의미가 된다.

이 시를 읽은 조르주 상드는 이렇게 답장을 보냈다.

Cette insigne faveur que votre coeur réclame

당신의 마음이 원하는 호의의 표시는

Nuit à ma renommée et répugne à mon âme.

나의 명성에 금을 가게 하고, 나의 영혼을 멀어지게 합니다.

굵게 표시된 첫 단어를 이어서 읽으면 'Cette nuit(오늘 밤)'의 의미가 된다(옮긴이).

이것이 바로 이합체시의 힘이다. 우리는 이합체시를 이용해 숨겨진 메시지를 전달할 수 있다. 하지만 그것을 제대로 해석하고자 한다면, 시인까지는 아니더라도 어느 정도 섬세한 관찰 능력을 갖춰야 할 것이다. 그렇다면 도널드 트럼프 미국 대통령은 과연 영리하고 관찰 능력이 있는 자인가? 그는 스스로 그렇게 평가하는 듯하다. 여러 번의 트윗을 통해 자신이 '매우 안정적인 천재'라고 전 세계에 주장했으니 말이다. 만약 이것이 사실이라면, 트럼프가 워싱턴 포스트의 메시지를 이해하지 못했을 리 없다. 그가 이해할 수 있는 방식, 즉 금전적 흥분제가 첨가된 직설적인 언어로 메시지를 전했으니 말이다. 포르노 산업계에서 무굴 제국을 거느리고 있는 래리 플린트[16]는 대통령 탄핵 현상금으로 천만 달러를 내걸었다. 물론 래리 플린트의 행동에서 시적 정취를 찾을 수는 없지만. 트럼프도 놈 촘스키가 쓴 『아메리칸 드림의 진혼곡』[17]을 읽었을 리 만무하다. 전 세계를 상대로 자신이 북한의 지도자보다 더 큰 작동 단추를 가지고 있으며, 자신이 '매우 안정적인 천재'라고 선언하는 데에 정신이 팔려 있었기 때문이다.

그런 와중에 다른 사람들은 교활함이 살짝 가미된 시적 세련미를 이용하여 반反 트럼프 의사를 밝히고 있으며, 미국인들은 그 내용을 이해하기 위해 웹스터 사전을 뒤적이고 있다. 실제로 샬러츠빌에서 폭력 시위가 발생한 이후 오바마 전 대통령을 지지하던 정부 관계자들이 앞다투어 사의를 표명하는 새로운 바람이 불고 있다. 그리고 도널드 트럼프에게 보내는 사직서에 RESIST(저항하라) 혹은 IMPEACH(탄핵)과 같은 메시지를 이합체시로 숨기는 현상이 유행이 되었다.[18]

많은 사람들이 '시는 죽었다'고 이야기한다. 하지만 시는 여전히 사유가 승리하고 있다는 것을, 전복적인 힘을 갖고 있다는 것을 보여준다. 시는 사랑을 노래하며, 사랑은 단연코 가장 강력한 힘이다. 시는 규칙을 이용하여 유희를 만들어내고, 은유를 즐기며, 아둔함을 조롱할 수 있으며, (그것을 해독할 수 있는 사람들에게는) 유머 가득한 정치적 저항의 전당도 될 수 있다.

●

많은 사람들이 '시는 죽었다'고 이야기한다.
하지만 시는 여전히 사유가 승리하고 있다는 것을,
전복적인 힘을 갖고 있다는 것을 보여준다.

●

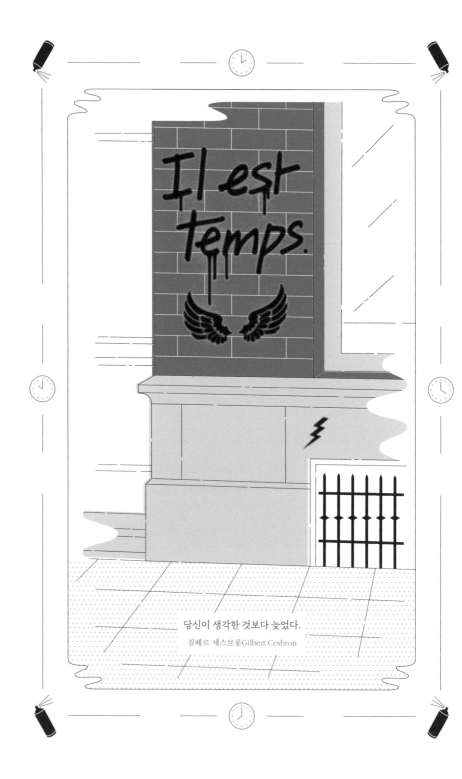

당신이 생각한 것보다 늦었다.

질베르 세스브롱Gilbert Cesbron

때가
되었다

그리스인들은 날개 달린 신이라는 개념을 만들었다. 그리고 그 신을 카이로스라고 불렀다. 그는 적절한 순간, 놓치지 말아야 할 기회, 눈앞을 지나며 올라타라고 손짓하는 기차의 신이었다.

문자는 최초의 기호 혁명이다. 메소포타미아에서 문자가 발명된 이후, 인간은 어디든 글씨를 남겼다. 벽에, 바위에, 공책에, 태블릿은 물론이고, 하늘에 글을 쓰기도 했다. 1만 피트 상공에 올라 비행운으로 글을 남기는 '공중 작가' 월터 딘팅거 조종사처럼 말이다.

어느 날, 브뤼셀에 있는 가정집 건물의 정면에 검은 스프레이로 쓰인 세 단어가 나타났다. 한껏 더러워진 벽 위에, 우리의 눈높이에 나열된 단어들은 고대의 지혜에 맞먹는 진실과 세네카나 키케로의 연설문이 전달하려는 메시지를 쉽고 간결하게 담고 있었다. 절박한 무관심으로 쓰인 '때가 되었다Il est temps'라는 문장이었다.

도대체 무엇을 위한, 무엇을 하기 위한 때라는 말인가? 서술되지 않은 것, 바로 그것이 이 문장에 엄청난 파급력을 선사했다.

1958년, 프랑스 소설가 질베르 세스브롱은 『당신이 생각한 것보다 늦었다』라는 작품을 집필했다. 책 제목을 읽으면 우리가 미처 알아채기도 전에 시간이 빠르게 흘러갔다는 느낌이 든다. 하지만 브뤼셀의 벽에 적힌 문장에서는 그런 뉘앙스를 좀처럼 찾을 수 없다. '춥다', '비가 온다' 또는 '시간이 늦었다'라고 말하는 것처럼 그곳을 지나가는 행인에게 단지 '때가 되었다'라고 말할 뿐이다. 도대체 어떤 때를 말하는 것일까? 무엇을 할 때라는 말인가?

●

어제는 너무 일렀고 내일은 너무 늦을 것이다.
그러나 지금이 그때라고,
바로 그 시간이 왔다고 문득 느껴지는 순간이 있다.

●

그리스인들은 날개 달린 신이라는 개념을 만들었다. 그

리고 그 신을 카이로스라고 불렀다. 그는 적절한 순간, 놓치면 안 되는 기회, 눈앞을 지나며 올라타라고 손짓하는 기차의 신이었다.

세상 만사에는 흐름이라는 것이 있으며, 우리는 한가로이 혹은 분주히 살아가며 닥쳐오는 죽음을 맞이한다. 이렇듯 일정한 시간의 흐름 속에서 돌연 결정적인 순간이 나타난다. 어제는 너무 일렀고 내일은 너무 늦을 것이다. 그러나 **지금이** 그때라고, 바로 그 시간이 왔다고 문득 느껴지는 순간이 있다. 이 돌발적인 순간은 물리적 시간의 사건인 동시에 균열이기도 하다. 그리스인들은 이를 **카이로스**라고 불렀다.

이탈리아의 화가 프란체스코 살비아티는 카이로스 신의 형상을 그렸다. 그는 날개 달린 청년으로 묘사되며, 머리카락이 얼굴 주위를 감싼 모습을 하고 있다. 그는 역사를 관통하여 존재한다. 고대 그리스의 역사가 투키디데스가 『펠로폰네소스 전쟁사』에서 말했듯, 우리가 '역사적'이라고 부르는 순간, 세상사의 흐름을 바꾸는 순간은 반드시 있기 마련이다.

카이로스가 우리 앞을 지나갈 때, 기회의 신이 지나갈 때, 우리는 다양한 방식으로 반응한다. 그를 알아채지 못할 수도 있고, 보기는 했지만 그 은총을 헤아리지 못할 수도 있고, '지금'의 중요성을 체감하고 깨어 있다가, 양손을 뻗어 '기회를 낚아챌 수도' 있다. 그리스어로는 이를 **카이로스 아르팔레인**Kairos arpalein이라고 한다.

카이로스는 시간의 신 크로노스와 닮았다. 좋은 순간은 신성한 순간이고, 일시적인 행운이자 신이 선사하는 선물이기 때문이다. 그것은 그림을 완성하는 마지막 붓질이자, 완벽한 타이밍에 가스불을 끄고 요리에 결정적인 소금 한 꼬집을 뿌리는 것에 비유할 수 있다. 카이로스는 출발 직전에 올라타는 비행기, 차, 기차 혹은 모험이며, 우리가 놓쳐서는 안 될, 우리 삶의 방향을 바꾸어줄 약속이다. 단 하나의 순간이 인생을 송두리째 바꿔놓을 수 있다는 것은 증명된 사실이다. 그 순간의 이름이 카이로스다. 그리고 에우리피데스는 그 순간이 인간의 모든 노력을 이끄는 '최고의 안내자'라고 주장한다.

카이로스는 우리에게 '주어지는' 시간이기 때문에 자신이 지나간 흔적을 남기기도 한다. 예컨대 익명의 신이 브뤼셀의 더러운 건물 벽에 검은색 스프레이로 재치 있는 한 문장을 남기며 우리에게 때가 되었음을 상기시키는 그 순간, 그때가 바로 카이로스다.

역사의
천사

오늘날 역사의 메신저는 누구일까. 그리고 그 메시지는 어떤 내용을 담고 있을까?

1920년, 파울 클레는 20세기 미술의 아이콘이 될 수수께끼 같은 수채화를 완성했다. 그림은 희미한 적갈색 톤이고, 크기도 아주 작았다. 종이 위에 올려진 기름, 물, 먹물 사이로 기이한 표정의 천사의 모습이 나타났다. 파울 클레는 이 작품에 〈새로운 천사Angelus Novus〉라는 이름을 붙였다.

히브리어로 malakh, 그리스어로 angelos, 라틴어로 angelus라고 쓰는 '천사'는 모든 언어에서 사자 즉 메신저를 의미한다. 천사는 눈에 보이지 않지만, 갑자기 침묵이 찾아온 순간 느낄 수 있는 존재로[1]우리를 보호하고 중요한 사건을 예고한다. 이런 의미에서, 천사는 신의 메신저다. 예컨대 미카엘, 라파엘, 가브리엘의 이름에는 모두 '엘el'이라는 접미사가 붙는다. 이는 신적인 존재를 나타내는 것으로, 그들이 신의 심부름꾼이라는 사실을 의미한다. 예루살렘에 파울 클레의 그림을 보관하고 있는 이스라엘도 마찬가지다.

철학자 발터 벤야민은 베를린의 한 갤러리에서 이 작품을 발견했고, 1921년 5월 뮌헨에서 구매했다. 그의 간결하고 독특한 해석은 이 작품이 엄청난 명성을 얻는 데에 크게 기여했다. 벤야민은 그의 아홉 번째 논문이자 미완성 유작인 『역사의 개념에 대하여』에서 클레의 작품을 '역사의 천사'로 해석했다. 그의 해석에 따르면, 천사가 입을 다물지 못하고 공포에 질린 시선으로 과거의 폐허를 응시하는 와중에 하늘에서 큰 바람 혹은 신성한 폭풍이 솟아올라 천사의 날개를 향해 돌진하고, 천사는 미래를 등진 채 미래 쪽으로 끌려간다. 이 작품은 '더 이상 아닌 상태'와 '아직은 아닌 상태'의 사이에 있지만 누구도 '현재화'할 수 없는, 전환이자 과도기, 중간 상태에 관한 난제를 이야기하고 있다. 앞으로 일어날 다가올 미래는 우리가 계산하거나 예측, 예상할 수 없는 것이다. 벤야민은 그것을 진보라고 불렀다. 결코 틀린 말은 아니다. 라틴어 진보progressus는 '앞으로 나아가다'라는 뜻을 가졌으니 말이다.

사건의 지평선[2]은 지금까지도 해독되지 않은, 신들의 전령의 역할로 남아 있는 불안정한 개념이다. 내일, 모레, 한 시간 후, 지금 당장 무엇이 우리를 기다리고 있는지 아무도 알 수 없기 때문이다. 이에 **새로운 천사**만이 남아 겁에 질린 채 과거의 폐허와 상처를 직시하고, 역사의 거대한 바람에 어쩔 수 없이 미래로 떠밀려간다.

●

역사는 누가 만들고 누가 기록하는 것인가?

그것은 정말 신일까?

아니면 어리석음, 우월한 지능, 혹은 우연인가?

엘리트인가? 한 명의 지도자인가?

민중, 역사가, 학자, 혹은 창조자들인가?

●

우리의 앞에 서 있는 내일, 혹은 가까운 미래는 아직 존재하는 것이 아니다. 그럼에도 우리는 앞으로 나아가고, 행동한다. 그렇다면 역사는 누가 만들고 누가 기록하는 것인가? 그것은 정말 신일까? 아니면 어리석음, 우월한 지능, 혹은 우연인가? 엘리트인가? 한 명의 지도자인가? 민중, 역사가, 학자, 혹은 창조자들인가?

따라서 우리는 가정해야 한다. 오늘날 인류의 대부분이

불확실성의 원칙을 받아들일 준비가 되어 있으며, 정해지지 않은 곳으로 향하는 바람 부는 초조한 복도를 건널 것이며, 기쁨과 고통, 의심, 모호함을 비롯하여 우리에게 닥쳐올 모든 놀라운 것들을 받아들일 거라고. 그렇다면 오늘날 역사의 메신저는 누구일까. 그리고 그 메시지는 어떤 내용을 담고 있을까?

키메라는 단지
몽상일 뿐일까?

"우리의 몽상은 우리와 가장 닮았다."

빅토르 위고Victor Hugo

키메라chimères는 존재할까? 그것은 우리가 '키메라'라는 단어에 부여하는 의미에 달려 있다. 프랑스 철학자 뷔리당은 키메라의 존재를 부정한다. 그는 키메라는 존재하지 '않는' 것이 아니라 존재할 수 '없는' 생명체라고 말한다. "키메라는 함께 조합될 수 없는 부분을 모아 만든 동물"[3]이기 때문이다.

키메라는 사자의 머리, 염소의 몸을 가지고 있으며 등 중앙에 또 하나의 염소 머리가 달려 있다. 뱀의 꼬리를 가졌으며 불을 뿜는다. 그 기괴하고 끔찍한 모습은 호메로스의 『일리아스』6장에 처음 등장한다. 헤시오도스는 키메라를 사자, 염소, 뱀 등 세 개의 머리가 달린 존재로 묘사했다. 오늘날 피렌체에 전시된 아레초의 장엄한 동상[4]처럼, 불꽃을 뿜어내는 세 개의 머리가 달린 모습으로 말이다.

키메라는 왜 불을 뿜을까? 지질학적 관점에서 접근해보자. 튀르키에 남부 리키아 지역의 야나르타쉬 토양은 루테늄[5]이 풍부하다. 이 화학 원소는 메탄의 연소점을 섭씨 40에서 50도까지 낮추는 특성을 가진다. 따라서 여름에는 튀르키예어로 '불타는 바위'라고 불리는 이곳의 땅에서 실제로 불이 '뿜어져 나올' 수 있다. 과거에 이곳은 키메라 산[6]이라 불렸고, 소아시아의 그리스인들은 이곳에 대장장이의 신 헤파이스토스를 위한 신전을 지었다고 한다. 따라서 우리는 키메라 신화가 꾸며낸 것이 아니라 지질학적 특성에서 기인한 것이라고 생각해볼 수 있다.

●

따라서 가장 포용적이고 열린 자세로
우리가 누구인지 알기 위해서는,
우리가 간직하고 있는
가장 비현실적인 꿈을 파헤쳐야 할지도 모른다.

●

고대 신화에 따르면 이 생명체를 제거하는 것은 매우 험난한 일이었다. 호메로스는 키메라가 너무나 비현실적이고 기괴했던 탓에 영웅 벨레로폰이 불꽃보다 빠르다는 페가수스를 타고 끝없이 화살을 쏘고, 납이 달린 창을 목구멍 안으로 던져 내장을 태우고야 겨우 죽일 수 있었다고 썼다.

키메라의 기원을 둘러싼 이러한 지질학적 해석과 신화적 해석 외에 또 하나의 해석이 있다. 조금 더 인간적이고 덜 '몽환적인' 이 해석은 그리스 시인 플루타르코스가 제시한 것이다. 그의 주장에 따르면 키메라는 기괴한 괴물이 아니었다. '키메라'라는 이름은 리키아 사람들에게 큰 피해를 입혔다고 전해지는 해적 키마로스 선장에서 따온 것이다. 그가 타던 뱃머리에는 사자가, 선미에는 용이 장식되어 있고, 돛에는 염소가 그려져 있었다고 한다. 하지만 키마로스 선장은 페가수스라 불리는 배를 타고 온 벨레로폰에 의해 죽음을 맞이했다. 위대한 신화적 이야기가 이렇게 소멸되고 말았다.

사실 우리를 꿈꾸게 하거나 악몽을 선사하는 존재의 기원은 중요하지 않다. 기원이 사라진다고 그 꿈 혹은 악몽이 없어지는 것은 아니기 때문이다. 뷔리당이 키메라를 존재할 수 없다고 규정한 순간 그 '존재할 수 없는 생명체'는 매력을 가지게 되었고, 상상으로 만들어진, 따라서 실현 가능성이 없는 유도피이 혹은 하나의 개념이 된 것이다 빅토르 위고의 작품에서 기형적이고 흉물스러운 주인공은 노트르담 대성당의 종치기라는 직업을 가졌다. 그리고 그 성당은 정면에 54개의 키메라 조각이 새겨진 것으로 유명하다. 위고는 『레미제라블』에 "우리의 몽상은 우리와 가장 닮았다"라고 썼다. 따라서 가장 포용적이고 열린 자세로 우리가 누구인지 알기 위해서는, 우리가 간직하고 있는 가장 비현실적인 꿈을 파헤쳐야 하는지도 모른다.

미래로의
귀환

"당신의 증오가 전기로 바뀔 수 있다면 온 세상을
밝힐 것이다."

니콜라 테슬라 Nikola Tesla

우리는 이것을 진보라 부른다.

전 지구와 인류적인 관점에서 보면 기근이나 전염병,
전쟁으로 목숨을 잃는 사람이 줄었다는 사실에 기뻐해야 할 것
이다. 대중에게 인기가 없는 환경이나 기후 변화에 관한 구속
력 있는 정치적 결단을 내리지 않는 이상 우리의 머리 위로 비
와 홍수, 느닷없는 폭염이 언제 떨어질지 모르지만 말이다.

우리는 이것을 진보라 부른다.

인류는 계속해서 미래의 선사에게 더 뛰어난 무기를 제

공하고 있다. 미국 특수부대에서 이미 사용된 바 있는 최신 발명품의 이름은 안드로이드 전략공격 도구Android Tactical Assault Kit를 줄인 ATAK이다. 군인들은 GPS를 비롯한 현존하는 모든 통신 기술이 탑재된 이 응용 프로그램을 스마트폰에 다운로드하고 4분의 1초 만에 주변 환경에 대한 모든 정보를 파악할 수 있다. 모든 동물들이 본능적으로 알고 있는 것(이는 파충류 뇌[7]의 기저에 자리 잡고 있는 것이기도 하다)이 있는데, 적대적인 환경에서 위험을 피해 생존하려면 정보의 속도가 매우 중요하다는 사실이다. 이것이 바로 ATAK의 전술이다.

　　온 힘을 다해 평화를 수호하던 어느 독특한 과학자가 전쟁을 억제할 엄청난 무기를 발견했다고 주장한 일이 있다. 그는 그것이 진보라고 확신했다. 그는 전화 통신을 전공한 이공계 전문가였는데, 19세기 말 세르비아에서 미국으로 이민을 떠났고, 자신의 이름으로 특허 300건과 발명품 125건을 등록했다. 그중 일부는 토머스 에디슨에 의해 강탈당하기도 했다. 그는 본인이 원치 않았음에도 폴 오스터의 소설 『달의 궁전』의 주인공이 되었고, 특히 전자기학 분야에서 많은 연구 성과를 냈다. 그는 전기와 주파수, 정보, 진동의 관점에서 물리학을 바라보았다. 그는 연구자였지만 '발견자'라고 불리고 싶어했다. 그는 모든 사람들이 평화롭게 사는 세상을 꿈꾸었으며, 모든 사람들에게 전기를 무상으로 제공하기를 소망했다.

●

모든 동물들이 본능적으로 알고 있는 것이 있는데,

적대적인 환경에서 위험을 피해 생존하려면

정보의 속도가 매우 중요하다는 사실이다.

●

1934년, 유럽에서 전쟁의 서곡이 울려 퍼지자 그는 자신이 전 세계의 무력 충돌을 종식시킬 수 있는 압도적인 비밀 병기를 갖고 있다고 발표했다. 그 무기의 이름은 '텔레포스 Teleforce'였다. 텔레포스는 멀리 떨어진 곳에서 만 대의 항공기를 파괴할 수 있고, 침략 세력으로부터 국가를 보호하기 위해 전기 방패를 만들 수 있는 보이지 않는 전력이라고 과학자는 주장했다.

하지만 이는 한낱 망상가의 주장처럼 보였다. 게다가 전쟁이 더 많은 수익을 가져다줄 것으로 보였으므로 어떤 정부도 텔레포스에 투자하지 않았다. 과학자는 1937년 시제품 개발을 마쳤으며 공개가 임박했다며 자랑스럽게 발표했다. 그러나 얼마 후 그는 뉴욕의 거리에서 차에 치이는 사고를 당했고 심각한 장애를 갖게 되었다. 역사는 점차 그와 그의 시제품에 흥미를 잃었다.

그러나 1943년 1월 7일 그의 사망 소식이 전해지자, 미군은 그가 은둔해 있던 뉴욕의 호텔 방에 비밀리에 침입했다.

혹시나 존재할지도 모를 도면을 손에 넣기 위함이었다. 공식 보고서에 따르면 그들은 아무것도 발견하지 못했다. 하지만 4분의 1초 동안 상상을 해보자. 시인의 섬광으로, 치타의 속도로, 미래 군인의 속도로 상상해보자. 엄청난 억제 무기의 발견으로 달라질 세계의 모습을!

니콜라 테슬라. 그는 이 세상을 에너지 저장고로 보았을 뿐만 아니라, 전쟁을 증오하고 미래를 고민한 휴머니스트였다. 그의 이름은 자기장에 의한 유도를 세는 단위에 사용되었으며, 미래의 자동차에도 사용되었다. "당신의 증오가 전기로 바뀔 수 있다면 온 세상을 밝힐 것이다." 테슬라가 남긴 눈부신 은유다.

경멸

사실 경멸은 자기 자신에게 느끼는 증오심이
다른 사람을 폄하하는 방식으로 표출된 것이다.

무일푼이었던 기자 리카르도는 카프리 섬의 별장에서 영화 제작자와 함께 호메로스의 『오디세이아』 각색에 대해 논의하고 있었다. 바로 그때, 그는 자신이 열렬히 사랑하는 아내 에밀리아가 한발 뒤로 물러났고, 그들 사이에 아주 불편한 거리가 생겼다는 사실을 알아차렸다. 리카르도는 그 미묘한 변화를 이해하기 위해 아내에게 물었다. "도대체 뭐 때문에 날 비난하는 거요?" 그러자 그녀가 대답했다. "난 당신을 경멸해." 그것은 갑자기 낙서오는 죽음처럼 무미건조하며 거칠고 고통스러운 선언이다. 리카르도는 아내가 그러한 말을 한 이유를 끝내 알지 못했다.

1954년에 집필된 알베르토 모라비아의 소설 『경멸』은 발간 후 10년이 다 되어갈 즈음에 장 뤽 고다르의 연출로 영화화되었고, 조르주 들르뤼가 이 영화에 삽입될 매우 우울한 영화 음악을 작곡했다.

에밀리아는 남편에게 경멸이라 할 수 있는 감정을 느꼈다. '경멸mépris'은 잘못 생각하고, 오판하고, 어떠한 것을 다른 것으로 착각하거나, 가치를 절하하는 뜻을 가진 '오해하다méprendre'라는 동사에서 파생된 단어다. 따라서 '경멸'은 제대로 평가받지 못했음을 의미한다. 이에 반대되는 감정은 어떤 것 또는 누군가를 칭송하고 그 가치를 인정하는, 즉 제대로 평가하는 마음일 것이다.

경멸은 소설 제목이기도 하지만, 그것이 단지 문학적 정서만을 묘사하는 것은 아니다. 우리는 일상에서도 경멸하는 태도나 인간성을 부정하는 태도를 접한다. 타인에 대해 우월감을 갖는 사람들이 타인을 경멸하며 오히려 힘을 얻기 때문이다. 사실 경멸은 자기 자신에게 느끼는 증오심이 다른 사람을 폄하하는 방식으로 표출된 것이다. 경멸은 타인에게 상처를 입히고 모욕감을 느끼게 하지만, 경멸하는 자의 경멸감은 정의에 따르면 늘 그 대상이 없고 결국 부메랑처럼 자신에게 돌아온다. 마치 정해지기라도 한 듯, 우리는 자신의 모습을 타인에게 투영하기 때문이다. 정신분석학에서는 이를 **투사**projection라고 부른다. '경멸'은 근본적으로 자기 파괴적이기 때문에, 경멸이라는 감정 안에는 타인에게 투영된 자기 자신에 대한 증오가 담겨 있다. 예컨대 아쿠아리우스Aquarius 구조선에 머나먼 타지에서 온 남자, 여자, 아이들이 서 있는 모습을 보고 유럽이 표출하는 경멸에서도 분명한 자기 증오를 느낄 수 있다. (이상하게도 '아쿠아리우스'는 1947년경 위태로운 경멸의 바다에서 너무나 오래 표류한 다른 선박의 역사를 떠오르게 한다.)[8] 아쿠아리우스, 라이프라인, 시워치나 엑소더스,[9] 그리고 우리가 지중해 연안에서 휴가를 보내다가 마주치는 메두사 호의 뗏목[10]에 보내는 경멸도 마찬가지다. 미 정부가 인간의 기본권과 제네바 협약을 멸시한 것, 미국 영부인이 입은 카키색 자켓에 흰색 대문자로 쓰인 문장[11]도 같은 맥락이다. 권력자들이 '**난 상관 안 해**'라고 선언하고 즐거운 가족 휴가를 상상하는 바로 그 순간, 멀지 않은 곳에서는 아이들이 부모와 생이별을 하고 고향에서 추방되어 울음을 터트리고 있다. 우리 유럽인, 서구인들이 이토록 자기애가 부족했던가? 그래서 점점 보편화되는, 우리 눈앞에서 거침없이 일어나고 있는 이 잔인성을 그대로 받아들이고 있는 것은 아닐까?

경찰의 총을 맞아 사망한 흑인 남성의 가족에게 4달러를 지급할 것을 선고한 미 연방 배심원단의 결정에서도 경멸의 특성을 확인할 수 있다. 그레고리 힐은 음악을 너무 시끄럽게 튼다는 이웃의 민원이 접수되어 자기 집 차고에서 총에 맞았고, 그의 가족에게는 손해배상금 4달러가 지급되었다. 그러니까, 4달러 중 1달러는 장례 비용이고, 3달러는 아버지를 여읜 세 아이를 위한 위로금인 것이다.[12]

백인 경찰들이 발사한 세 발의 총알이 흑인 남성의 목숨을 앗아갔고, 배심원단은 한 생명의 가치가 4달러에 지나지 않으며 이 금액이 누군가의 남편이자 세 아이의 아버지의 죽음을 보상하기에 충분하다는 (너무나도 턱없는) 결정을 한 것이다.

몽테스키외는 "대부분의 경멸은 경멸받아야 마땅하다"라고 했지만, 판결에 충격받은 그레고리 힐의 변호사는 몽테스키외보다 더 존엄한 방법으로 이에 응수했다. 변호사 존 필립스는 희생자의 가족을 위해 온라인 모금함을 만들었으며, 단 몇 시간 만에 12,000달러가 넘는 금액이 모였다고 밝혔다. 평범한 사람들의 배려와 익명의 관대함, 사려 깊은 마음의 외침이 건방진 자들의 멸시를 상대로 고결한 승리를 거두었다는 사실이 만천하에 드러난 것이다. 변호사는 변론이 끝난 뒤 침묵을 지켰다. 어느 극작가가 '침묵이 경멸의 가장 완벽한 표현'이라고 말한 것[13]과 비슷한 의도가 아니었을까?

정글 법칙이 군림하는 세상에서 무법자가 되는 것은 영광스러운 일이다.

에르베 바쟁 Hervé Bazin

야생의
삶

보는 것, 드러내는 것,
보이고 싶어하는(그리고 보이고 싶지 않은) 것은
분명 다른 차원이다.

평범하지 않은 철학자이자 사회학자 게오르그 짐멜은 1900년 베를린에서 『돈의 철학』이라는 책을 출간했다. 그는 또한 『여성의 심리학』, 『풍경의 철학』, 『모험의 철학』과 렘브란트, 로댕, 배우에 관한 에세이를 썼다. 1905년에는 순간적으로 끓어올랐다가 금세 식어버리는 유행의 역설에 천착하여 『유행 철학』을 집필했다. 유행을 따르는 것은 사회에 통합되는 과정인 동시에 개인의 특성을 드러내는 과정이다. 그는 이 두 가지 경향 중에서 하나라도 사라진다면 유행의 지배는 종말을 맞게 될 것이라고 예견했다.

그렇다면, 이런 궁금증이 떠오를 수 있다. 왜 표범이나 하이에나, 얼룩말, 비단뱀, 표범, 호랑이, 늑대, 기린 등의 동물 가죽 무늬가 여성복 매장과 옷장을 가득 채우고 있는 걸까?[1] 야생동물 무늬는 벽지는 물론이고 쇼파, 양초, 샤워 커튼, 쿠션, 비누받침 등 수많은 가구와 소품을 장식하고 있다. 이 엄청난 열광은 무엇을 의미할까? 물론 이것이 새로운 현상은 아니다. 예컨대, 표범 무늬는 이미 유행을 뛰어넘어 일종의 클래식이 되었다. 그러나 신발과 양말, 잠옷, 스카프, 이불, T팬티, 스웨터까지 모든 패션 산업에서 야생동물 무늬가 놀라울 정도로 자주 사용되는 현상에 대해서는 한번 고민해볼 가치가 있다. 1925년, 미국 여배우 매리언 닉슨이 표범 무늬 모피를 입고, 애완 표범을 데리고 할리우드 대로를 함께 산책한 지 약 1세기가 지났는데도 말이다.

여성들이 야생동물 무늬가 그려진 옷을 입는 행위를 단지 유행에 순응하는 현상으로 해석해서는 안 된다. 이러한 행위는 게오르그 짐멜이 언급한 두 과정 중 오히려 개인을 돋보이게 하는 수단으로 사용되기 때문이다. 옷은 몸 위에 입혀지는 것이다. 따라서 옷은 제2의 피부라고도 할 수 있다. 어떤 의미에서는, 몸은 옷을 입는 덕분에 살아갈 수 있는 것이다.

뉴욕의 한 유명 출판사는 1900년대 초에서 1980년대까지 이어지는 표범 무늬의 역사를 추적한 『맹렬함』이라는 책을 출간했다. 책의 저자이자 활동가, 사진작가, 공연가인 조 웰든[2]은 여성들이 개성을 표출하기 위해 사파리 패턴과 무늬를 이용한다고 설명했다. 야생에서는 포식자들이 동물 무늬를 이용하여 주변 환경에 녹아들지만, 여성들은 오히려 자신을 돋보이기 위해 그 무늬를 사용한다는 것이다. 보는 것, 드러내는 것, 보이고 싶어하는(그리고 보이고 싶지 않은) 것은 분명 다른 차원이다. 이를 인간 세계에 적용해보자. 야생동물 무늬를 입은 여자들은 스스로 먹잇감이 되는 것을 거부하고 자신이 이 동물원의 지배자이며 포식자를 무찌르겠다고 선언하는 것이다.

따라서 표범 무늬 의복 문화는 자연의 코드와 질서, 법칙을 전복시킨다. 무시무시한 포식자는 야생에서 자신의 존재를 은폐하고자 무늬를 갖게 되었다. 하지만 문화의 지배를 받는 인간 세계인 도시에서 여성은 표범 무늬 코트를 통해 자기 자신을 구별짓고 '야생성'을 드러낸다. 따라서 이는 명백하게 전복적인 태도이다. 1954년, 크리스찬 디올이 조신하고 정숙한 여성은 정글 무늬를 입지 않아야 한다고 말한 것을 보면 이를 확신할 수 있다.

오늘날, 표범 무늬는 클래식의 반열에 올랐을뿐더러 여전히 많은 사랑을 받고 있다. 하지만 곰곰이 생각해보면, 우리는 표빔 무늬를 입음으로써 자신이 동물성, 야생성을 표출한다는 것을 알 수 있다. 이러한 이야기는 헨리 제임스가 1903년에 발간한 미스터리 단편 『밀림의 야수』에도 등장한다.

●

옷은 몸 위에 입혀지는 것이다.
옷은 제2의 피부라고도 할 수 있다.
어떤 의미에서는,
몸은 옷을 입는 덕분에 살아갈 수 있는 것이다.

●

우리는 표범 무늬 옷을 통해 인간성과 동물성의 관계, 먹잇감과 포식자의 관계, 자연의 법칙과 문화의 법칙의 관계, 여성과 남성의 관계를 읽을 수 있다. 유혹의 법칙에 따라 팽팽한 실로 연결된 이 모든 관계들을 말이다. 하지만 인간과 동물 중 더 야만적인 것은 누구인가? 인류의 법칙은 우리의 포식자적 충동을 어떻게 잠재우는가? 그 자체로 야만적인 인류의 법칙이 있을까?

이에 대해 프랑스 소설가 에르베 바쟁은 야생동물 무늬처럼 전복적이고 흰 제복처럼 명확한 문장으로 대답했다. "정글 법칙이 군림하는 세상에서 무법자가 되는 것은 영광스러운 일이다."

참치와
모델

"(쾌락 안에서) 행복을 찾을수록 점점 더 불행해질
것이다."

로버트 러스티그Robert Lustig

로버트 러스티그는 설탕 중독에 대한 연구로 큰 명성을 얻은 미
국의 신경내분비학자이자 소아과의사이다. 그는 호르몬에 바
탕한 과학적 증명으로 이제껏 도덕철학의 고유 영역으로 간주
된 '쾌락과 행복의 고전적 구분'을 과학의 영역으로 가져왔다.

이 주제는 고대 그리스의 프로디코스 이야기에 이미 등
장한 바 있다. 프로디코스는 키클라데스 제도 출신의 소피스
트였다. 그는 학생들에게 웅변에 대해 가르쳤는데, 소크라테
스의 제자인 크세노폰은 그 연설에 감동한 나머지 프로디코스

의 연설을 소크라테스의 연설로 둔갑시켜 요약본을 남겼다.

　　이 요약본에서 소크라테스는 철학자 아리스티푸스와 열띤 논쟁을 벌이고 있었다. 아리스티푸스는 우리는 언제든 원하는 일을 할 수 있으며, 쾌락을 느낄 기회가 찾아온다면 절대 마다하지 말아야 한다고 주장한다. 아리스티푸스는 대부분의 현대인처럼 쾌락주의자였던 것이다. 그는 유쾌한 감각을 최대화하는 것에서 삶의 의미를 찾아야 하며, 그 유쾌한 감각이야말로 우리를 **행복**으로 이끄는 탁월한 길이라고 생각했다.

　　반대로 도덕주의자인 소크라테스는 인간을 천성적으로 만족할 수 없는 존재로 규정했다. 따라서 쾌락과 만족을 추구하는 것은 깊은 구렁을 향해 뜀박질하는 것이나 매한가지였다. 그는 이를 입증하기 위해 반신반인 헤라클레스가 등장하는 프로디코스의 전설을 이야기했다.

●

모든 사람은 행복하기를 원하고,

아무도 불행을 원하지 않는다.

하지만 너무나 많은 사람들이 불행을 느끼고,

불평을 늘어놓는 데에 엄청난 재능을 발휘한다.

왜 그럴까?

●

어느 날 헤라클레스는 인생의 갈림길에 서게 되었다. 그곳에는 서로 반대 방향을 가리키는 두 명의 여자가 있었다. 그중 한 여자는 대담하고 젊고 유행을 좇았다. 그녀는 헤라클레스에게 달려들어 큰 노력 없이 욕망을 채울 수 있는, 행복으로 가득한 길을 선택하라고 설득했다. 그녀는 "친구여, 나의 적이 나를 악(또는 쾌락)이라 할지라도 당신만은 나를 행복이라고 불러주세요"라고 했다.

다른 여자는 냉철하고 겸손한 매력이 있었지만, 그것은 그녀의 외모보다는 언변 때문이었다. 그녀는 자신이 인도하는 길이 험난하고 고통스럽더라도 자신 즉 미덕을 따르라고 애원했다. "내가 당신과 함께 가려는 길에는 노력과 희생이 따를 것입니다. 하지만 그만한 가치가 충분히 있습니다. 쾌락은 당신을 행복으로 이끄는 유쾌한 길처럼 보이지만, 처음 느꼈던 매력은 금세 사라질 것이고 분명 씁쓸한 뒷맛만 남게 될 것입니다. 미덕은 당신을 만족시키고 행복감을 줄 것입니다."

여기 우리와 다를 바 없이 선택의 기로에서 무력감을 느끼고 초췌해진 헤라클레스가 있다. 과연 그는 어떤 선택을 해야 할까?

이 전설이 고대 그리스에서 왜 그토록 많은 인기를 누렸는지 궁금할 것이다. 프로디코스가 인간은 행복을 추구한다는 매우 중요한 사실을 민첩하에 드러냈기 때문은 아닐까? 소크라테스 역시 '모든 사람은 행복하기를 원하고, 누구나 행복을 추구하며, 아무도 불행을 원하지 않는다'라는 평범해 보이지만 중요한 사실을 강조했다. 하지만 너무나 많은 사람들이 불행을 느끼고, 불평을 늘어놓는 데에 엄청난 재능을 발휘한다. 왜 그럴까? 소크라테스에 따르면, 인간은 행복보다 일시적인 쾌락과 기쁨을 선호한다. 고민할 필요 없이 쉽게 빠져들 수 있는 감정이기 때문이다.

프로디코스는 또 하나의 진리를 천명한다. 우리는 모두 행복하기를 원하지만, 헤라클레스와 마찬가지로 언젠가는 인생이 제시하는 선택지에 맞닥뜨린다는 사실이다.

이를 통해서 전하고자 하는 메시지는 간단하다. 쾌락과 행복은 다르다는 것, 행복은 즐겁거나 유쾌한 기분을 느끼는 것과는 다르다는 것, 행복은 어떤 감정이나 감각과는 다른 무엇이라는 것이다. 내분비학자 로버트 러스티그가 연구를 통해 확인한 것도 바로 이것이다.

러스티그는 도파민과 세로토닌이라는 호르몬이 우리의 뇌에서 일으키는 각각의 화학 작용을 밝혀냈다. 도파민은 우리를 약에 취한 듯dope 흥분시킨다. 도파민은 우리가 마약이나 초콜릿을 섭취할 때, 달리기를 하거나 포르노, 핸들마이어 사의 머스타드 소스, 아스파라거스 혹은 페이스북에 중독되고, '좋아요'를 기다리고, 충동구매를 하는 등 중독적인 쾌락을 느낄 때 분비되어 즉시 우리의 신경세포를 자극한다.

세로토닌의 작용은 이와 다르다. 세로토닌은 신경세포를 오히려 '억제'한다. 따라서 이 경우 '금단 증상'을 경험하거나 '더 많은 것'을 추구하여 신경세포를 과하게 자극하는 것이 불가능하다. 세로토닌은 평화롭고 영적인 느낌, 특히 사회적 상호작용과 연관된 감정을 가져다주기 때문에 우리의 내면을 채워주고, 따라서 행복과 불가분의 관계에 있다.

뇌 화학의 메커니즘은 매우 간단하다. 도파민이 증가할수록 세로토닌이 감소한다. 로버트 러스티그는 우리에게 "(쾌락 안에서) 행복을 찾을수록 점점 더 불행해질 것이다"[3]라고 말한다.

내분비학이라는 학문이 탄생하기도 전인 기원전 400년, 소크라테스 역시 같은 이야기를 했다. 어떤 삶이 행복한지 불행한지 판단하기 위해서는 삶 전체를 통틀어서 보아야 한다. 따라서 우리는 어떻게 해야 진정으로 삶다운 삶을 살 수 있는지 자문해야 한다. 그리고 어떻게 하면 그것을 (잘) 이행할 수 있는지 생각해보아야 한다.

시적詩的
올바름에 대하여

시적 올바름에 대한 질문이 우리 시대에 울려 퍼지고 있다.
보들레르, 프랑수아 비용[4], 페트라르카[5], 단테가 모두 세상을 떠난 지금, 우리는 정말 그들을 비난해야 할까?

〈풀밭 위의 식사〉를 하는 여인에게 옷을 입히고, 르 냉 형제의 〈정원사〉, 샤르댕의 〈식모〉, 페르메이르의 〈와인잔〉 작품을 불구덩이에 던져야 할까? 여성에 대한 시각이 성차별적이고 왜곡되었다는 이유로 리하르트 슈트라우스의 오페라를 검열해야 할까? 그렇다면 〈잠자는 숲속의 공주〉에서 왕자는 공주의 동의를 구하지 않고 키스했으니 아이의 머리맡에서 그 이야기를 들려주는 것을 금지해야 하는 것은 아닌지 고민해보아야 할까?

예술, 그중에서도 시는 성차별적인가?

요란하게 등장한 이 문제가 독일 시단 전체를 뒤흔들었다. '시적 올바름'이라는 새로운 기준이 오늘날 시를 상대로 가혹한 제재를 가하고 있다.

독일에서 시는 너무나도 의아한 이유로 공격의 대상이 되었다. 문제가 된 것은 1925년 출생 스위스-볼리비아계 시인 오이겐 곰링거가 1951년에 스페인어로 쓴 시이다. "길./ 길과 꽃./ 꽃./ 꽃과 여자./ 길. 길과 꽃./ 길과 꽃과 여성과 숭배자."

독일이 정신줄을 완전히 놓아버린 걸까, 아니면 시적 감성을 모조리 잊어버린 것일까? 믿기 힘들 수도 있지만, 그들은 현재 90세가 넘은 오이겐 곰링거의 시 「길Avenidas」을 알리스 잘로몬 대학교의 건물에서 지워버리고 말았다. 베를린 동부 교외에 위치한 이 학교의 외벽에 길과 꽃을 노래하는 자유로운 시가 새겨진 것은 2011년의 일이다. 유대인 페미니스트 알리스 잘로몬의 이름을 따서 지어진 이 학교는 사회복지사와 교육자를 양성하는 곳이다. 학교 대변인 수잔 리처트는 이 시에 대하여 "여성을 물건에 비유하는 시로 학교를 장식하는 것은 부적절하다"[6]고 말했다.

그러던 2016년 어느 날, 학생들이 집단적으로 학교 총장에게 공개 서한을 보내 곰링거의 시가 '가부장적인 전통을 표현하고 있으며, 이 시에서 아름다운 여인들은 남성의 예술적

창조를 자극하기 위해서만 이용되고 있다'는 이유로 이 시를 지우거나 다른 시로 대체할 것을 요구했다.

어처구니없는 요구사항을 접수한 알리스 잘로몬 학교 당국은 투표를 실시했고, 결국 2018년 10일에 예정되었던 건물 개보수와 함께 길과 꽃, 여자와 숭배자를 노래한 곰링거의 시를 바바라 쾰러의 시로 바꾸기로 결정했다.

우리는 이를 두고 여성 살해와 학살에 맞서 여성을 해방시키는 엄청난 성과라며 자축해야 할까? 아니면 창조의 자유에 가하는 공격에 우려를 표해야 할까?

독일의 저명한 일간지 〈프랑크푸르터 알게마이네 차이퉁〉의 기사에서 독일 문화부 장관 모니카 그뤼터스는 이 결정에 대해 다음과 같이 논평했다. "두 번의 독재를 통해 우리가 얻은 교훈은, 예술의 자유와 표현의 자유가 민주주의의 구성 요소라는 사실이다."

시가 자유를 살해했다고 지탄받을 수 있을까? 시 예술이 '시적 올바름'의 대열에 합류하여 그 기준에 복종하기를 바라야 하는 것일까?

"길./ 길과 꽃./ 꽃./ 꽃과 여자./ 길. 길과 꽃./ 길과 꽃과 여성과 숭배자."

●

시가 자유를 살해했다고 지탄받을 수 있을까?
시 예술이 '시적 올바름'의 대열에 합류하여
그 기준에 복종하기를 바라야 하는 것일까?

●

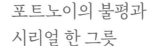

포트노이의 불평과
시리얼 한 그릇

"일반적으로 '오난의 죄'라고 불리는 것은 손을
이용하여 자신을 학대하는 행위이다."

볼테르Votaire

텍사스 주의 민주당 하원의원 제시카 파라가 여성의 권리를 증
진하고 낙태죄 폐지를 촉구하기 위해 남성의 자위행위를 처벌
해야 한다는 황당한 법안을 내놓았다. 그녀는 자위를 '태어나
지 않은 아이에 반하는 행위'라며 규탄했다. 제시카 파라 의원
은 그 법이 실제로 적용될 수 없다는 것을 알고 있지만 유머를
통해 메시지를 보내고자 했다. 문학에서도 이 문제에 관한 유
머를 찾을 수 있다. 필립 로스의 세 번째 소설인 『포트노이의
불평』에 나오는 주인공은 유대인의 특징과 다양한 섹슈얼리티,

그중에서도 자체성애에 집착하는 인물이다.

　　구약성경에서 '오나니즘(onanism, 수음)'라는 용어는 오난의 범죄, 잘못, 죄를 규정하기 위해 사용된다. 오난과 엘은 유다의 아들이다. 엘이 죽자 유다는 전통에 따라 오난에게 형의 과부와 결혼하여 후손을 낳으라고 요구했다. 그러나 형을 미워하던 오난은 엘의 명예를 실추시키고 엘이 사람들의 기억에 남는 일을 막기 위해 아버지의 명을 거역한다. 창세기 38장 9-10절에 언급된 바와 같이, 그는 자신의 씨를 형수에게 주지 않고 '땅에 설정하였다'. 이는 참으로 난해한 문장이며, 그가 자위를 했다는 사실이 명시적으로 나와 있지는 않다. 다만 하느님이 오난의 행동을 죄로 벌했다는 것에서 충분히 유추할 수 있다. 역사 속에서 자위는 범죄이자 질병이고, 금기의 대상이었다.

　　볼테르와 같은 철학자들은 창세기에 쓰인 문장이 모호하다는 것을 인정하였다. 하지만 볼테르는 그 이야기를 전하는 것에 그치지 않고 자신의 저서 『불온한 철학사전』에서 "일반적으로 '오난의 죄'라고 불리는 것은 손을 이용하여 자신을 학대하는 행위이다"라며 자위를 정의하려 했다. 이것은 소설의 주인공이자 끝임없이 자위를 하는 33세의 알렉산더 포트노이가 정신과 상담실 소파에 앉아 털어놓은 가장 큰 고민거리이기도 하다. 필립 로스는 포트노이를 '자위계의 라스콜니코프'[7]라고 정의하다.

역사 이야기로 돌아가보자. 구약에서는 '오난이 자신의 씨를 형수에게 주지 않고, 땅에 설정하였다'라며 약간 모호한 방식으로 오난의 죄를 언급한다. 고대 그리스에서는 '손을 이용하여' 스스로 느끼는 쾌락이 우려스러운 주제로 다루어지지 않았다. 디오게네스와 일부 쾌락주의 철학자들은 오히려 이러한 행위를 권장했다. 저속해 보일 수 있으나 결코 비난받을 일은 아니라고 말이다. 하지만 중세의 평론가들은 자위를 자연을 거스르는 행위로 보았으며, 18세기 근대에 들어서는 병적인 죄로 낙인찍었다. 역사가 토머스 라커가 말했듯, 당시 사람들은 수음이라는 행위에서 통제되지 않는 충동이나 개인주의, 환상, 비공유, 소비와 같은 유럽 근대성이 품은 가치의 어둡고 농밀한 반영을 보았던 것이다. 이렇듯 청교도적 사고방식이 지배적이던 1877년, 한 미국 의사는 다음과 같이 선언했다. "역병도, 전쟁도, 천연두도 자위행위만큼 인류에게 재앙적인 결과를 초래하지 않았다. 이 해로운 습관은 우리 문명 사회를 파멸로 몰고 갈 수 있다."[8]

자위행위가 우리 사회를 파괴할 수도 있다는 점에서 돌이킬 수 없는 최후의 심판처럼 느껴질 수도 있지만, 이 재앙적인 상황에도 해결책은 있었다. 의사는 우리의 생활 습관을 바꿔야 한다고 주장했다. 매일 아침 시리얼 한 그릇을 먹어야 한다는 것이다. 수음을 비판하고 시리얼을 권유한 이 의사는 다름 아닌 콘푸로스트, 스페셜K, 첵스 초코, 후르츠링의 아버지 존 하비 켈로그 박사이다.

예상 외의 전개라고 생각할지 모른다. 시리얼 한 그릇으로 자위를 치료할 수 있다니, 마치 성경에 나올 것만 같은 간단한 해결법이 아닌가. 하지만 안타깝게도 포트노이의 불평과 콤플렉스를 해소하기에는 너무 늦지 않았나 싶다.[9]

가짜
진실

마약과 부조리, 말장난 사이의 경계가 항상 명확한
것은 아니다.

말의 중요성을 깨닫지 못하고 거짓말을 하는 사람들이 있다.
상황에 따라 조금, 많이, 맹렬하게, 미친듯이 거짓말을 해서
열정적으로, 항상, 병적으로 거짓말을 하는 것이 실제 그들의
화법이 되기도 한다. '대안적 사실', '가짜 뉴스', '사실의 발명'은
반드시 미국 현대사의 일부분을 장식하게 될 것이다. 9·11 테
러의 영웅이었으며 전 뉴욕 시장이자 도널드 트럼프의 변호사
였던 루디 줄리아니가 만들어낸 표현 역시 트럼프 시대의 괴상
한 의미론적 발명품 중 하나로 역사에 남겨야 할 것이다.

루디 줄리아니는 NBC 방송국의 〈언론과의 만남〉에 출연하여 프로타고라스[10], 고르기아스[11], 에피메니데스[12]는 물론이고 크레타인[13]들 중 최고의 거짓말쟁이도 감히 꺼내지 못할 말을 입 밖으로 내뱉고 말았다. 척 토드 기자가 지난 미국 대선에서의 러시아의 개입 가능성에 대해 묻자, 루디 줄리아니는 다음과 같이 대답했다. "진실은 진실이 아닙니다."

그는 그 자리에서 불에 타버리지도 않았고 얼어붙지도 않았다. 그는 눈 한번 깜박이지 않고 머리카락 한 올 움직이지 않으며 "진실은 진실이 아닙니다Truth isn't Truth"라고 말했다. 영어 문장으로 보더라도, 이는 진실에 대한 엄청난 타격을 입히는 것이다.

"

윤리적 명제는 없다. 윤리적 행위만 있을 뿐이다

루드비히 비트겐슈타인

"

미국의 탐정 영화 〈스피닝 맨〉은 저명한 철학교수인 에반 버치에 대한 수사를 그리고 있다. 에반 버치는 언어 철학을 전공한 교수다. 언어 철학은 말과 사물을 자의적으로 연결 짓는 수수께끼를 밝히는 학문이며, 다음과 같은 질문들을 던진다. 우리가 사실에 관하여 말하는 것이 정말 사실의 진실인가?

아니면 언어 자체로만 의미가 있는, 그러니까 현실과는 동떨어진 진실인가? 영화에 등장하는 말로이 경위는 법적 진실을 낱낱이 밝히려 하지만, 에반 버치는 비트겐슈타인을 언급하며 진실 자체에 대해 문제를 제기하는 동시에 우리를 괴롭힌다. 진리란 결국 우리가 진리라고 **인식**하는 것, 즉 현실에 대한 우리의 **해석**에 불과한 것일까? 이 영화는 대강당에서 벌어지는 심문을 통해 우리를 학문적 사고로 이끈다. 철학자는 경위에게 눈앞에 있는 의자가 실제로 존재하며 그것이 진짜인지 증명해 보라고 한다. 말로위 경위는 "어떤 의자 말인가요?"라고 재치 있게 답변한다. 같은 방식으로, 루디 줄리아니는 자신에게 질문을 던진 기자에게 "어떤 진실 말인가요?"라고 대답했다.

그리고 바로 이때, "진실은 진실이 아니다"라는 엄청난 사실이 드러난다.

고대 그리스어로 진실은 ἀλήθεια(알레테이아, '폭로' 또는 '계시'를 의미하며, ἀποκάλυψις[아포칼립시스, '묵시']라고도 한다) 이다. 구텐베르크의 최초 인쇄물인 요한 묵시록에서, 일곱 천사와 일곱 나팔, 그리고 기병들이 일련의 재앙을 알린다. 바다에서 용 한 마리와 머리가 여러 개 달린 괴물이 솟아오르고, 거짓 예언자들은 불 속에서 타들어가며, 짐승의 숫자가 나타난다. 이는 정치 권력을 비판하는 다니엘서에서부터 등장하는 개념이다.

이 악몽 같은 광경 뒤로 새로운 도시, 새로운 하늘, 새로운 땅에 대한 약속이 우리를 기다리고 있다. 그러나 만일 진실이 진실이 아니라면, 허구 세상, 영화, 연애 편지는 물론이거니와 현실, 인생, 법정에서 진실이 밝혀질 수 있다고 어떻게 믿겠는가? 이는 단지 수사학적 질문에 그치지 않고, 윤리학적 함의를 품고 있다. 진실이 있는 그대로의 것이 아니라면, 진실이 오직 자신을 위해 존재하거나, 각자가 자신이 믿고 싶은 것이 진실이라고 믿고, 자신이 원하는 대로 말할 수 있다면 어떤 일이 벌어질까?

이 왜곡을 뛰어넘고 언어의 함정에서 벗어나, "윤리적 명제는 없다. 윤리적 행위만 있을 뿐이다"[14]라고 대답해보는 것은 어떨까? 시인 피에르 르베르디가 사랑에 관하여 한 말을 비트겐슈타인의 화법으로 바꾸어서 말이다.

느껴야 할 곳에서 이치를 따지는 게 옹졸한 영혼들의 속성이다.

오노레 드 발자크Honoré de Balzac

섹스인가
스마트폰인가

차인가 커피인가? 연극인가 영화인가? 섹스인가
스마트폰인가? 버터인가 올리브오일인가? 올리브
오일인가 호두오일인가? 이러한 질문들에 답하는
것을 우리는 '선택'이라고 부른다.

한 연구에서 프랑스인들이 미국인들과 의견을 같이하는 것으
로 나타났다. 두 나라 사람들 모두 스마트폰 없이 사느니 커피
나 술, 스포츠, 섹스를 포기하는 편이 낫다고 답한 것이다. 응답
자의 절반이 누군가와 살을 맞대는 것보다 스마트폰과 앱을 선
호한다니 상식을 뒤엎는 결과가 아닌가? 인터넷에 과잉 연결된
이들은 스마트폰에 깊이 중독되어 문자를 보내고 답장을 받기
까지 견딜 수 있는 시간이 평균 15분을 넘지 않는다고 스스로
고백한다. 침묵과 기다림의 시간이 그보다 길어지면 불안해진

다고 말이다.

　　우리 대부분이 앓고 있는 스마트폰 중증 중독의 특성을 보여주는 해당 연구는 응답자의 선택을 이끌어내기 위해 여러 질문을 던졌다. 차인가 커피인가? 연극인가 영화인가? 섹스인가 스마트폰인가? 버터인가 올리브오일인가? 올리브오일인가 호두오일인가? 이러한 질문들에 답하는 것을 우리는 '선택'이라고 부른다. 선택을 하는 것은 우리가 자유롭기 때문이며, 이것이 인간의 기본적인 경험의 근간을 이룬다. 따라서 인간의 조건인 자유를 행사하는 이상 인간은 영원히 선택할 수밖에 없다.

　　인간의 자유와 선택에 관한 근본적인 문제를 일깨우는 유명한 이야기가 있다. 중세의 한 철학자는 이 이야기에서 축 처진 커다란 귀에 잿빛 털을 가진, 조금은 가련해 보이며 무지의 상징으로 여겨지는 동물을 주인공으로 내세운다. 바로 당나귀이다. **옛날 옛적에**로 시작하는 뷔리당의 우화[1]에서 당나귀는 양과 질, 맛이 완전히 똑같은 두 개의 귀리통 한가운데에 서 있다. 뷔리당에 따르면 배를 채우기 위해 어느 하나를 선호할 이유나 동기가 전혀 없는 이 당나귀는 두 개의 귀리통 사이에서 선택을 하지 못하고 결국 굶어 죽는다. 이 우화를 변형한 이야기도 있다. (뷔리당의 우화와 마찬가지로 여전히) 당나귀가 물동이와 귀리통 한가운데에 서 있다. 배도 고프고 목도 마른 당나귀는 허기와 갈증 사이에서 망설이다 죽음을 맞는다. 뷔리당이 살아 있다면 오늘날의 문제를 이렇게 지적했을 것이다. 우리가 섹스와 스마트폰에 똑같이 중독되어 있고 둘 중 하나를 포기해야 한다면 우리는 선택을 할 수 없어 죽어버릴 거라고.

●

선택을 하는 것은 우리가 자유롭기 때문이며,
이것이 인간의 기본적인 경험의 근간을 이룬다.
따라서 인간의 조건인 자유를 행사하는 이상
인간은 영원히 선택할 수밖에 없다.

●

뷔리당은 자유의 한 형태인 '중립의 자유'가 지닌 역설을 밝히고자 했다. 당연한 말이지만 자유롭다는 것은 제약이 없다는 뜻이다. 만약 외부에서 우리에게 이게 아니라 저걸 선택하라고 강요한다면(스마트폰 대신 성관계를 포기하라), 우리는 더 이상 자유롭지 않고 속박되어 있는 것이다. 그렇다고 해서 완전히 동일해 보이는 두 가지 가운데 (예를 들어 사랑을 나누거나 스마트폰을 사용하는 것처럼) 임의로 하나를 선택할 자유가 존재한다고 인정해야 할까? 바로 여기에 언어의 함정이 있다. 자유의지는 자의적인 것이 아니다. 자유의지는 정당한 사유나 '그럴 만한' 이유로 둘 중 하나를 선택하는 능력이다. 반면 자의적인 선택은 이유 없는 선택으로, 말하자면 우연에 맡기는 것이다. 따라서 이게 아니라 저걸 선택할 이유 즉 자유를 행사할 이유가 전혀 없다는 것이 우리의 자유를 막는다.

뷔리당의 이 같은 주장은 거센 비판을 받았다. 우리에게 '초연의 자유'가 없다면, 다시 말해 완전히 똑같은 두 가지 가운데 '어떤 것'을 그 이유나 동기에 상관없이 자발적으로 선택할 자유가 없다면, 우리는 물동이와 귀리통 사이에서 정말로 죽을 수밖에 없기 때문이다.

하지만 또 다른 역설이 남아 있다. 선택하지 않기로 선택하는 경우로, '뷔리당의 당나귀 콤플렉스'라 부를 수 있는 태도이다. 남몰래 상황이 저절로 해결되기를 바라며 나빠지는 것을 내버려두는 태도로, 여간 용감한 선택이 아닐 수 없다. 예를 들어 남편과 애인, 아내와 정부를 둘 다 사랑해서 한 명을 선택하는 것이 불가능해 보일 때 우리는 당나귀처럼 시냇물 한가운데에 머물러 있을 수 있다. 물론 이러한 선택은 우리를 괴롭게 만들고, 장기적으로는 사회적 매장을 초래할 위험이 있다. 사실 이것이 끊임없이 선택에 직면한 인간의 조건이다. 가장 고약한 것은 선택하지 않겠다는 의지조차도 하나의 선택이라는 점이다. 더욱이 컴퓨터 운영체제에 무관심의 자유 기능을 추가할 수도 없다. 보통 문제가 아니다.

그렇다면 남편인가 애인인가? 아내인가 정부인가? 차인가 커피인가? 섹스인가 스마트폰인가?

욕망의 은유로서의
기차

지그문트 프로이트는 산업화 시대의 의사였고, 바로 그 이유로 기차에 빠져 있었다. 그가 정신분석이론의 근간을 재검토한 것도 1897년 이탈리아로 떠난 기차 여행에서였다.[2] 당시 프로이트는 여행을 욕망에, 정신분석치료를 기차 여행에 비교했다. 분석적 공간은 객차이며, 자유연상은 창을 통해 여행자의 눈앞에 펼쳐지는 풍경이다. 프로이트에게 예술은 무의식으로 이끄는 열차다. 우리는 이것을 은유라 부른다. 프로이트는 로마를 동경했나. 로마Roma의 철자를 뒤집으면 아모르Amor가 된다. 이처럼 왼쪽에서 오른쪽으로 읽든, 반대로 읽든 의미가 있는 단어를 시모드닐랍semordnilap이라 하는데 이는 시적인 이미지다.

하나의 도시는 다른 도시가 아니고, 하나의 모델은 다른 모델이 아니며, 하나의 생각은 다른 생각이 아니다. 로마에서 멀리 떨어진 도쿄의 신주쿠 역은 역 가운데에서도 으뜸으로 꼽힌다.[3] 세계에서 이용객이 가장 많은 이 역은 터널망과 세 개의 쇼핑센터, 200개의 출구와 지하도를 갖춘 도시이자 개미집이다. 일곱 개의 서로 다른 철도회사가 관리하고 있지만 원활하게 굴러간다. 매일 350만 명이 이용하는 어마어마한 규모의 신주쿠 역은 소름끼치도록 현대적인 시설로 시간을 칼같이 지키며 놀랍도록 완벽히 작동한다. 열차 시간표와 실제 운행시간은 15초 내외의 차이를 보이며 연간 연착 시간은 평균 30초에 불과하다.

이 같은 정시성에 대해 생각해볼 수 있는 이론적인 모델이 있다. 하버드 대학의 법학자인 캐스 선스타인과 행동경제학을 전문으로 하는 경제학자 리처드 탈러가 함께 밝혀낸 개념으로, 리처드 탈러는 2017년에 '경제심리학에 대한 이해'로 노벨경제학상인 스웨덴 중앙은행상을 수상했다. 2008년 캐스 선스타인과 리처드 탈러는 『넛지』[4]라는 제목으로 행동심리학에 기초한 경제서를 공동으로 저술했다.

이 개념은 왜 일본 기차들이 제시간에 도착하고 출발하

는지, 왜 스웨덴 사람들이 기꺼이 엘리베이터보다 계단을 이용하는지, 왜 채식주의자가 점점 늘어나는지 등을 설명해준다. 심리학과 경제학의 교차점에 있는 넛지는 '슬며시 부추기기' 또는 '팔꿈치로 슬쩍 찌르기' 이론으로 오바마 행정부와 토니 블레어 정부의 열렬한 지지를 받았다.

넛지 논의는 '선택 설계'라는 획기적인 아이디어와 '소비자의 선택은 합리적이지 않으며 너무나 자유로워서 모델화하기가 불가능에 가깝다'라는, 전통경제학 프레임을 뒤엎은 진실에 토대를 둔다. 우리는 자유주의자들이 믿는 것처럼 선택에 있어 자유롭지만 실수를 저지르기도 한다. 그러므로 우리의 행동에 부드럽게 영향을 미쳐 실수를 바로잡고 올바른 방향으로 이끌 수 있다. 이것이 넛지 이론 혹은 자유로운 간섭의 성공 비결이다. **우리에게 이득이 되는 방향으로** 실수를 줄일 수 있도록 기본 선택을 제시하고, 자기 자신뿐만 아니라 다수에게 이로운 선택을 하도록 강요하지 않고 '부드럽게' 유도하는 것이다. 이를테면 일본의 전철역에서 자살을 막기 위해 파란 LED 램프를 설치하고, 영국의 기차역에서 에스컬레이터 앞에 손이나 발 모양의 인쇄물을 붙여 통근자들이 바르게 줄을 서도록 유도하는 식이다. 어떤 역에서는 초음파를 동원해 지나치게 소란스러운 청년 무리를 흩어지게 만들고, 일본 철도회사는 기차 출발을 알리는 '날카로운 경보음을 듣기 좋은 7초짜리 시그

널로 대체하고자 야마하와 작곡가 이데 히로아키에게 **발차 멜로디**(또는 '열차 출발 멜로디'를 의미하는 일본어인 **'에키멜로'**)를 만들어달라고 주문했다.[5]

●

소비자의 선택은 합리적이지 않으며 너무나 자유로워서
모델화하기가 불가능에 가깝다.
우리는 자유주의자들이 믿는 것처럼
선택에 있어 자유롭지만 실수를 저지르기도 한다.

●

모두 **넛지**라 부를 수 있는 전략들이다. 그런데 사실 넛지 이론을 비롯해 그 어떤 이론도 기차 여행을 욕망의 은유로 이해하는 신비를 파헤치지는 못한다. 우리가 시적 이미지라 부르는 이것은 여행으로의 초대를 의미한다. 마렉 알테르의 이 말처럼. "당연한 말이지만 도넛에 대한 꿈은 도넛이 아니라 꿈이다. 그러나 여행에 대한 꿈은 이미 여행이다."

거짓말하지 않은
한 해

'솔직한'을 뜻하는 라틴어 'sine-cirus'는 '밀랍이 없는'이라는 의미로, 양봉업자들이 쓰던 말에서 유래했다.

가장 높은 상공에서 낙하산 없이 뛰어내리는 기록을 세우고, 자동차를 우주로 보내고, 수소 융합을 일으키고, 성인聖人이나 응급처치 전문의가 되고, 『잃어버린 시간을 찾아서』를 쓰고, 예술가가 되는 등 인류는 저마다 기상천외한 계획을 실행에 옮기기 위해 놀라운 상상력을 발휘한다.

　　이 모든 선택이 동일한 가치를 지니는 것도, 도덕적 측면에서 동등한 것도 아니지만, 직접 체험에 나선 한 남자가 있었다. 2008년 마드리드의 한 회사에서 인사과 담당자로 근무하던 43세의 가장 캐털 모로는 극단적인 실험에 나선다. 그것은 낙하산 없이 자유 낙하를 하는 것도, 끈이론[6]연구에 중대한 진전을 이루는 것도, 알렉상드랭 형식으로 사랑을 고백하는 것도 아니었다. 캐털 모로의 극단적인 실험은 한 해 동안 철학자 이마누엘 칸트의 원칙을 엄격하게 지키겠다는 야심찬 철학 실험이었다. 타인은 물론 자기 자신에게도 거짓말하지 않고, 언제나 선의를 갖고 행동하며, 아무 조건 없이 타인을 존중하라는 칸트의 도덕철학을 열두 달 동안 말 그대로 실행에 옮기는 모험에 나선 것이다. 이 모든 것을 1년 365일 동안 하루도 쉬지 않고 지키는 것. 그것이 캐털 모로의 도전이었다.[7]

캐털 모로는 아내가 자기 엉덩이가 뚱뚱한지 물었을 때나 아이들이 산타클로스의 존재에 대해 물어보았을 때처럼 곤란한 순간을 회상하며 자신의 철학적 모험을 들려주었다.

●

진실이 우리를 불편하게 한다면
그것은 진실 때문이 아니다.

●

캐털 모로의 실험의 핵심은 일 년 넘게 진실만을 말하며 살 수 있는가였다. 예컨대 환자에게 진실을 말해야 하나? 칸트는 진실을 요구하는 사람에게는 언제나 진실을 말해야 한다

고 답한다. 그것이 의무이기 때문이다.[8]

칸트는 누군가에게 진실을 말하기를 거부하고 진실을 빼앗는 것은 상대가 이성적 존재로서 갖는 존엄성을 존중하지 않고 그를 무지의 상태에 남겨놓는 것이라 여겼다. 그래서 칸트는 우리가 자신과 타인에게 진실해야 할 의무가 있다고 말한다. 다시 말해, 진실이 우리를 불편하게 한다면 그것은 진실 때문이 아니다.

누구도 절대적인 진실을 알지 못하기에 철학자들은 진실보다는 진실성에 대해 말하기를 선호한다. 이때 관건은 사실인지가 아니라 진실한지이며, 자신이 아는 진실을 말하고, 솔직하고 정직하게 말하는 것이 중요하다. 우리는 자신의 감정이나 생각을 감추거나 왜곡하거나 가장하지 않고 표현하는 사람을 솔직하다고 여긴다. 솔직한 사람은 정직한 사람이다. 그렇지만 솔직한 사람이 표현하는 '진실'은 절대적인 진실이 아닐 수 있다. 솔직함은 유일하고 주관적인 생각으로, 비록 그것을 표현하는 이에게는 진짜일지 몰라도 진실의 관점에서 보면 완전히 틀릴 수 있다. 실제로 지독한 헛소리에 진심으로 확신을 가질 수도 있고, 솔직하면서 동시에 틀릴 수도 있으며, 완전한 착각에 빠져 있을 수도 있다.

사실 솔직하다는 것은 스스로를 투명하게 내보이는 것이지만, 이것이 언제나 객관적 차원을 가리키는 진실과 한 몸은 아니다.

'솔직한'을 뜻하는 라틴어 'sine-cirus'는 '밀랍이 없는'이라는 의미로, 양봉업자들이 쓰던 말에서 유래했다. 원래는 좋은 꿀, 순수한 꿀, 좋은 양봉업자가 수확해 밀랍을 전혀 섞지 않은 꿀을 가리켰다. '좋은' 꿀을 의미하던 이 수식어가 양봉업자에게 사용되었고, 그다음에는 좋은 의도와 순수한 마음을 가진 양심적인 모든 사람, 다시 말해 자신의 감정이나 생각에 밀랍을 바르지 않는 사람을 지칭하게 되었다.

일 년 동안 거짓말하지 않겠다고 다짐한 캐털 모로는 아내가 자기 엉덩이가 뚱뚱한지 물었을 때 그렇다고 대답했다. 그리고 덧붙였다. "그런데 난 그게 좋아."

톨스토이가 강조했듯이 감정에 있어서 '논리 부족'은 '솔직하다는 최고의 증거'이기도 하다.

옹졸함

프랑스어에서 살구abricot, 비굴한 복종자béni-
oui-oui, 진홍색écarlate, 촛불bougie, 기린girafe과 같
은 단어들의 공통점은 무엇일까? 알바트로스
albatros, 세관douane, 목덜미nuque, 미친놈maboul,
천정점zénith, 화산volcan과 같은 단어들을 하나로
엮는 것은 무엇일까?

이들 모두 아랍어에서 유래해 프랑스어로 자리 잡은 단어들이
다. 어휘학자 롤랑 라피트에 따르면 프랑스에서 널리 사용되는
400~800개의 단어가 영어, 중국어, 스페인어에 이어 세계에서
네 번째로 많이 사용되는 언어인 아랍어에 뿌리를 두고 있다.

아랍어의 풍부한 어휘는 영감의 원천이 되었는데, '가난
한'을 뜻하는 아랍어 '메스캥mesquin'이 프랑스어로 자리 잡을
정도였다.

'메스캥'은 빈곤을 걸로 물질적 결핍이 아닌, 공정한 것

에 대한 판단력의 결핍으로 본다. 대수롭지 않은 사물이나 사실을 중대 사건으로 격상시킨다는 것이 옹졸함의 대표적인 결점이기 때문이다. 그 결과 옹졸한 영혼은 평소 아무것도 아닌 일에 끝없이 시비를 걸고, 셈을 하고, 계산기를 두드리고, 이리저리 재고, 수치화하고, 평가한다. 옹졸한 자는 꽉 막힌 사람으로, 세상을 넓고 희망찬 눈이 아닌 편협하고 좁디좁은 눈으로 바라본다. 다시 말해 옹졸한 자는 위용도 용기도 기지도 없는 계산적인 영혼의 소유자일 뿐이다.

그런데 우리 안의 무엇이 계산을 하는 걸까? 감정일까, 이성일까?

1832년 오노레 드 발자크는『서른 살 여인』에서 여주인공 쥘리 드 샤티옹의 실망스러운 부부생활을 들려주며 독자를 나폴레옹의 영웅담에 빠져들게 한다. 발자크는 독특한 인물들을 통해 인간사 전체를 그리겠다는 원대한 목표를 품었다. 쥘리 드 샤티옹은 엠마 보바리의 언니이자 동지이고, 이모이자 어머니이다. 두 여주인공에게 결혼생활은 평탄한 지평선이다. 발자크는 서른 살 여인의 내적 이중성에 대해 이렇게 썼다. "그녀 안에는 이성적으로 생각하는 여성과 감정을 느끼는 여성이, 고통받는 여성과 더는 고통받기를 원치 않는 여성이 있었다." 그리고 이렇게 덧붙인다. "하지만 이성은 감정에 비하면 항상 옹졸하다."

●

발자크에게 있어

이성은 이치를 따지고 계산하고 트집을 잡느라

위대한 경지에 이르지 못하지만,

감정은 무한과 완전히 하나가 되어 위대해진다.

●

발자크에 따르면 세상은 무한한 것과 옹졸한 것으로 나뉜다. 세상에는 측정할 수도 헤아릴 수도 없는 것의 진가를 알아보는 사람들이 있고 꼬치꼬치 따지고 이해타산적인 눈으로 현실을 바라보는 옹졸한 사람들이 있다. 전자는 감정을 스승으로 삼고 후자는 이성만을 신봉한다. 다시 말해 발자크에게 있어 이성은 이치를 따지고 계산하고 트집을 잡느라 위대한 경지에 이르지 못하지만, 감정은 무한과 완전히 하나가 되어 위대해진다. 당연히 파스칼의 다음 질문에 대해서도 생각해보게 된다. "당신은 이성을 통해 사랑하는가?"

옹졸함을 이성 탓으로 돌렸던 발자크는 사랑과 야망을 서로 다른 두 가지 논리에 따라 움직이는 세상의 법칙으로 끌어올렸다. 쥘리 드 샤티용의 마음을 탐색하고 난 뒤에는 "느껴야 할 곳에서 이치를 따지는 게 옹졸한 영혼들의 속성이다"라는 말로 분석을 마친다.

그렇디먼 한번 생각해보자 우리의 영혼이 계산적이라

면, 다시 말해 옹졸하다면, 미적지근한 감정을 체념하고 받아들여야 할까, 아니면 무한으로의 부름에 따라야 할까?

천재?
사랑이 전부일 뿐!

먼바다나 수평선 또는 그와 같은 무한함을 바라보며 벅차오른 영혼은 숭고함이 우리 안에 있음을 알려준다.

우리는 누군가의 독보적인 능력이나 재능을 강조할 때 서둘러 '천재적'이란 표현을 붙인다. 그렇게 미켈란젤로나 레오나르도 다빈치, 셰익스피어, 아인슈타인이 천재로 불렸다. 천재들은 분명히 존재하고, 나머지 대부분은 그저 재능을 지닌 것에 만족하며 살아야 한다. 천재들은 극히 드물기 때문에 이러한 차이에 비참해질 필요는 없다. 그런데 누구는 천재적이라고 하고 누구는 재능이 있다고 하는 이 같은 구분은 어디에서 비롯된 걸까?

이 질문에 대한 답으로 철학자 이마누엘 칸트는 19세기가 시작되기 10년 전 천재에 관한 이론을 제시한다. 칸트는 천재성을 '천부적인 마음의 소질로서 이를 통해 자연은 예술에 규칙을 부여한다'라고 정의한다. 천부적인 소질인 천재성은 시초가 된다는 의미에서 독창적이라는 특징을 갖고, 그 어떤 모델도 모방하지 않기에 유일하고 기발하다. 천재는 시초이다. 자연이 예술에 자신의 규칙을 부여하는 이유는 자연 고유의 창작 능력과 창조 능력을 천재에게 주었기 때문이다. 자연은 천재génie와 같은 어원에 따라, 세상에 없던 무언가를 '낳고générer', 발생시키며, 만들어내는 자신의 능력을 천재에게 부여한다. 천재적인 예술가는 자연의 규칙은 물론, 창조에 관한 비밀스럽고 숨겨진 구조를 파악할 수 있는 놀라운 재능을 부여받아 다른 이들은 절대로 표현할 수 없는 것을 보편적으로 소통 가능하게 만드는 자다.

●

우리의 영혼 안에서
상상이 이성에 맞서 충돌할 때 솟아나는 숭고함은
무한에 닿기에 경외감을 불러일으킨다.

●

천재성은 지식이나 논리, 앎의 문제가 아니기에 전수할

수 있는 학문이 아니다. 천재 스스로도 자신의 생각과 그 생각들의 규칙이 어디에서 비롯된 것인지 모르기 때문이다. 위대하고 거대하고 비범한 것을 지향하는 천재는 아름다움의 미학 즉 숭고의 미학과 비슷한 특성을 갖는다. 이와 관련해 칸트는 66세의 나이에 놀랍도록 근대적인 말을 한다. "진정한 숭고함이란 판단하는 자의 정신에만 존재하기에 그것을 자연의 대상에서 찾아서는 안 된다…."[9]

　　다시 말해 숭고함이란 장엄한 산도, 급류도, 분출하는 화산도, 격랑이 이는 바다도 아니다. 칸트가 말하는 진정한 숭고함이란 오로지 그것을 경험하고, 자연의 거대함을 실감한 자의 시선에만 있다. 우리의 영혼 안에서 상상이 이성에 맞서 충돌할 때 솟아나는 숭고함은 무한에 닿기에 경외감을 불러일으킨다. 먼바다나 수평선 또는 그와 같은 무한을 바라보며 벅차오른 영혼은 숭고함이 우리 안에 있음을 알려준다. 숭고한 sublime의 어원인 라틴어 'sublimis'는 '상승하는 것', '공중에 있는 것'을 의미한다.[10]

　　칸트가 천재성을 분석하기 3년 전, 유럽 전역에서 천재로 인정받던 31세의 모차르트 역시 천재성의 본질에 대해 생각했다. 천재 작곡가는 자문한다. '이 재능은 어디서 왔을까? 예외적인 지적 능력일까? 신성한 앎일까? 남달리 뛰어난 상상력일까?'

1787년 4월 11일 답을 찾은 모차르트는 흥분해서 말한다. "사랑이 없는 진짜 천재란 난센스다. (…) 사랑, 사랑, 사랑! 바로 그것이 천재의 영혼이다."

답은 이처럼 간단하다. 사랑이 천재를 만든다. 그렇게 말한 사람은 (아마도) 모차르트이다.[11]

모든 인간은 대륙의 파편이자 전체의 부분이다.

존 던 John Donne

플라톤의
올리브나무

인간과 생태계, 인간과 다른 생물들 그리고 기후
사이에는 분명한 관계가 있다.

독일의 삼림 연구가 페터 볼레벤[1]이 보여준 바와 같이, 원시림
나무들은 인간의 소통망만큼이나 강력하고도 효율적인 네트
워크를 형성한다. 볼레벤은 이를 '우드 와이드 웹Wood Wide Web'
이라 명명했다. 과학적으로 완전히 밝혀지지 않은 부분이 있긴
하지만, 많은 사람들은 나무들이 서로 소통하기 때문에 식물과
동물 그리고 인간은 지구상에서 공동운명체이며, 인간은 그들
을 위한 새로운 언어를 만들고 새로운 번역을 고안해야 한다고
말한다.

올리브나무는 라틴어로 '올레아 유로피아Olea europaea'라고 불린다. 이름부터가 올리브나무가 유럽 땅과 유기적인 관계를 맺고 있음을 보여준다. 그런데 땅과 문화는 그들을 품고 있는 사상과 결코 동떨어져 있지 않다. 신들의 전쟁에 관한 에피소드가 말해주듯 아테네의 수호자 아테나는 태양으로 불타는 땅에 인간을 살찌우고 치유하는 불멸의 나무가 자라게 했다.[2] 이 나무가 바로 고대의 여러 이야기에 등장하는 올리브나무다. 헤라클레스의 몽둥이는 올리브나무 몸통을 잘라 만든 것이고, 오디세우스는 뾰족하게 깎은 올리브나무로 외눈박이 거인 폴리페모스의 눈을 찔렀고, 아내 페넬로페와의 부부 침대는 오디세우스가 불멸의 나무인 올리브나무의 뿌리에서부터 몸통까지 구멍을 파서 만든 것으로, 인내와 믿음, 시간이 흘러도 부식되지 않는 사랑을 상징한다.

올리브나무는 또한 서구사상이 가장 찬란히 빛나던 시절의 신비를 간직한 나무다. 플라톤은 아카데모스 정원의 올리브나무 아래에서 제자들을 가르쳤는데, 수천 년을 살아온 이 올리브나무가 여전히 기적처럼 살아 있다.[3] 플라톤의 올리브나무는 이상에 대한 가장 높고 가장 엄격한 문화를 상징하기 때문에 불멸하며, 올리브 나뭇가지가 수놓인 '녹색 의복'을 입은 아카데미 프랑세즈 회원들은 불멸자immortel라 불린다.

위대한 건국 이야기에서 승리와 지혜, 무적을 상징하던

올리브나무가 인간의 오만함으로 인해 자양분이 되어준 땅과 함께 고사될 위험에 처했다. 하지만 세상의 종말이 오기 전까지는 소멸이 우리의 숙명이라 할 수 없고, 인간의 행동과 결정이 국가의 지배구조에 영향을 미치기에, 300명의 과학자들은 유보적인 입장에서 벗어나 지구 정원사로서 우리가 갖는 본분을 잊지 않기 위해 걷자고 제안한다. 걷는다는 것은 깨어 있는 일이자 스스로 파수꾼이 되는 일이며, 무엇보다도 삶에 대한 비전과 근본 사상, 유토피아와 이상을 품고 자리에서 일어나 약속을 실천하고, 말을 행동으로 옮기는 것이다.

　　세상이 의미 없는 공격으로 요동치던 시대에 로마 멸망을 목격했던 집정관이자 작가였던 페트로니우스는 "누군가 걸어가는 모습을 보면 그의 생각을 알 수 있다"고 밝혔다. 수세기를 뛰어넘어 괴테는 "내가 어디로 가는지 알기 위해 나는 걷는다"라고 화답했다.

세상이라는
블렌더

우리가 밝은 달과 새하얀 새벽, 순수한 마음과 물에 끌리는 것은 자연스러운 일이며, 순도 100퍼센트의 투명한 행복에 끌리는 것도 마찬가지이다.

반대로 우리는 얼룩이라면 질색하고, 정원에서 잡초들을 뽑아내며, 지나치게 자라난 은방울꽃과 야생 히아신스에 그림자를 드리우는 보리수 가지들을 쳐낸다. 전 세계 어디서나, 아득한 옛날부터 그렇게 해왔다. 신성과 세속이 공존하는 모든 문화는 각자의 방식으로 순수함과 불순함, 밝음과 어둠 사이에 경계를 긋는다. 바로 그런 이유로 인도는 불가촉천민을 배척하고 암소를 숭상하며, 성경의 레위기에서 신은 이스라엘 민족에게 발굽이 갈라진 반추동물들을 먹는 것을 허락하고, 토끼와 낙타, 파충류, 지느러미와 비늘이 없는 수중 생물을 먹지 못하게 한다.

고대 그리스에서는 오점이 거의 없는, 깨끗하고 완전무결하며 밝고도 순수한 것을 '카타로스katharos'라고 불렀다. 요한계시록 속 일곱 기사가 입고 있는 빛나는 백색 아마포, 벽옥으로 된 성벽에 둘러싸인 순금 도시가 '카타로스'다. 아리스토텔레스는 연극을 보거나 음악을 들을 때 우리의 영혼 안에서 감정을 정화시키는 정신적 작용을 일으키는 예술의 경향을 '카타르시스katharsis'라고 불렀다. 이렇게 감정을 표출하고 나면 우리는 세상의 고통에 맞설 수 있게 된다. 예술은 그 열기로 우리를 정화시키고, 우리는 인간 존재의 근본적인 비극성을 말이나 음악으로 표현한 무대를 보고 난 뒤 더 나은 존재로 거듭난다.

그런데 왜 우리는 이토록 순수성에 열광하는 것이며, 순수성은 어떤 면에서 위험할 수 있을까?

순수함과 불순함에 대한 이 질문에 대해 영국 철학자 배리 스미스[4]는 인간 고유의 특성인 혼합의 기술과 조합의 미덕을 강조하면서 함축적인 대답을 던진다. 그는 이렇게 묻는다. "티백 안에 든 것이 35개 이상의 서로 다른 찻잎을 모아놓은 것이 아니면 뭐란 말인가?" 같은 식으로 유명 샴페인 역시 여러 포도밭에서 서로 다른 시기에 수확한 피노 누아, 샤르도네, 피노 뫼니에르로 만든 450종의 와인을 조합해 만든 것이다. 얼음과 함께 마시는 라벨 붙은 위스키도 서로 다른 30여 종의 몰트와 곡물을 섞어 만든다.

　이 모든 것은 구체적이면서도 무척이나 불순한 인간의 기술 즉 조합하고 결합하고 혼합하는 규칙에 기반한 창조술에서 비롯되었다. 12개의 반음정으로 이루어진 반음계를 조합해 전대미문의 다성음악을 만드는 작곡가나, 용연향, 사향, 말향을 배합해 '영혼'이란 이름의 유일무이한 향수를 만드는 프랑스의 조향사처럼, 시인과 작가는 단어들을 조합해 언어를 재창조하고 세상에 대한 우리의 인식을 새롭게 한다. 언제나 완전히 혼합되고, 뒤섞이고, 교배되고, 크레올화[5]되는 맛과 화음과 향기를 창조하기 위해 복합적인 요소들을 재해석한 조합보다 더 순수한 것은 없다. 작가 에두아르 글리상은 바로 이러한 관점에 따라 정체성 문제를 다루며, 정체성을 뿌리라고 생각할 수도, 관계라고 생각할 수도 있지만, 결코 순수한 정체성이란 없다고 강조하였다.

　민족과 국가도 마찬가지다. 1920년대 말 스페인 철학자이자 정치인이던 호세 오르테가 이 가세트는 "유럽은 벌 떼와 같다. 많은 벌들이 무리로 날아다닌다"라는 유명한 은유를 들었다. 무리를 이루는 벌들은 동질적일 수 없으며 벌들은 보호받아야 한다는 의미로, 바로 여기에서 세계주의의 초국가적 가치들이 수호하는 유럽연합의 라틴어 표어 '다양성 속의 통일In varietate concordia'이 탄생하였다.

그럼 인간에 대해서는 뭐라고 말해야 할까? 우리는 차나 샴페인, 위스키처럼 숭고한 작업의 결과물이자, 불순하면서 경이롭고, 일시적이면서 허술한 조합의 결과물로 연못의 진흙에 뿌리내린 아름다운 수련 같은 존재이다. 진흙 속에도 황금과 루비가 빛나는 것은 불가사의한 기적 덕분임을 우리는 알고 있다.

자석 같은
노래

고대 그리스 호메로스 이후로 '호모프로시네'는
성공적인 인간관계를 위해 필요한 핵심 자질을 일
컫는다.

가족, 연인, 친구와 만족스럽게 저녁 식사를 마치고 집에 돌아
가면서 삶에 바다처럼 넓고 깊은 감사함을 느낄 때처럼 진정한
축복의 순간들이 존재한다. 이렇게 아름다운 저녁을 보낸 뒤에
는 정말로 몸이 날아갈 듯 가볍고, 마음이 미소 짓는 것 같다.
실제로 우리는 그저 함께할 때, 진실되고 솔직한 마음을 털어
놓을 때 행복하다고 느낀다. 이 순간 우리는 부서지기 쉽고 상
처받기 쉬우면서 동시에 강한 존재가 될 수 있다는 확신을 갖
게 되고, 있는 모습 그대로 아무런 조건 없이 환영받는 소중한

선물을 받기 때문이다. 그런 순간에는 모든 게, 다시 말해 가능한 범위 내에서 **모든 게** 가능해 보인다. 이처럼 우리는 타인 덕분에 마음의 평화를 되찾고, 삶은 노래를 부른다. 스위스의 정신과의사 오이겐 블로일러는 그리스어에 어원을 둔 조현병schizophrenia과 자폐증autism이라는 두 개념을 정신의학에 도입한 장본인이다.[6] 그 외에도 개인과 개인을 둘러싼 환경의 감정적 일치를 일컫는 동조성syntonie이라는 개념을 밝혀냈다.

그리스어 '순토니아συντονία'에서 파생된 '동조성syntonie'은 '강한 장력', '소리의 일치'를 의미한다. 물리학에서 동조회로는 동일한 주파수 파장을 발산하고 수용하는 회로를 지칭한다. 그런데 이 개념은 인간 심리 영역에도 적용되어 환경이나 타인과 어울리는 특별한 기분을 가리키기도 한다. 예컨대 우리가 가깝고 친밀하고 소중한 대상과 잘 통한다고 느낄 때, 우리 안의 모든 것이 방어막이나 거리감 없이, 완벽한 장조 화음처럼 기적적으로 공명한다고 느낄 때 우리는 동조성을 체감한다.

"

우리는 우리가 웃을 수 있는 것만 좋아한다.

로맹 롤랑

"

미국 작가 대니얼 멘델슨은 저서『오디세이 세미나』[7]에서 제2장 전체를 할애해 그리스어 '호모프로시네homo-phrosynè'를 분석한다. '호모homo'라는 어근은 '같다'는 뜻이며, '프론phron'이라는 어근은 '정신'과 '지성'을 의미한다. 이 개념은 '공모' 또는 나아가 '하나된 정신', '동일한 지성', '동일한 파장', '공동의 떨림' 등으로 옮길 수 있을 것이다. 고대 그리스 호메로스 이후로 '호모프로시네'는 성공적인 인간관계를 위해 필요한 핵심 자질을 일컫는다.

『오디세이아』 제6권에서 오디세우스가 파이아케스족의 공주 나우시카 앞에서 한 말 속에 '호모프로시네'라는 개념이 등장한다. 오디세우스는 다음과 같이 이야기한다. "적들을 불행하게 하고, 친구들에게 기쁨을 주며, 스스로의 영광을 위해 한 남자와 한 여자가 **하나된 정신으로** 그들의 집을 함께 꾸려가는 것보다 더 강하고 더 좋은 것은 없다."[8]

'호모프로시네'는 관계를 오래 지속하기 위한 조건이다. 사랑하는 사람과 사랑받는 사람은 웃음과 꿈, 상징과 상상, 구체적인 실현을 통해 함께 구축한 모든 것을 공유하기 때문이다. 바로 이러한 필연적 관계로 인해 오디세우스는 칼립소의 품을 박차고 아내를 찾아 나선다. 아내가 칼립소보다 더 젊지도 더 아름답지도 않지만 오디세우스와 동일한 정신을 공유하기 때문에 그 둘은 완벽하게 동조적이다. 이러한 필연적 관계

덕분에 존재들이 만나, 서로를 알아보고, 같이 있는 것에 익숙함을 느끼고 함께하겠다는 선택을 한다. 필연적 관계는 또한 우리가 관계 맺은 타인에 대해 신의를 지키면서 스스로에게도 충실한 존재가 되게 한다. 마지막으로 필연적 관계는 유머와 웃음을 통해 우리를 동조적으로 만든다. 사실 '호모프로시네' 는 친구들이나 연인들을 이어주는 정신적 교감의 증거이자 표식이다. 그렇기에 로맹 롤랑은 "우리는 우리가 웃을 수 있는 것만 좋아한다"라고 말했다. 웃음은 우리를 동등하게 만들기 때문이다.

거울아
거울아

'구골'은 우리가 예술 작품인지, 그렇다면 어떤 예술작품과 가장 닮았는지 말해주고 있다.

나는 어떤 예술작품과 닮았나? 앵그르의 〈비너스〉? 카라바조가 그린 청년? 보티첼리가 그린 여신? 프리다 칼로? 아니면 렘브란트? 2018년 1월 미국에 처음 등장한 앱 '아트셀피'는 수억 명의 사용자들이 못 견디게 궁금해하던 질문에 답을 찾아주었다. 자기 자신을 지나치게 특이하거나 독특하다고 느끼지 않고, 역사적 참조자료들로 증강된 셀카를 이용해 필멸必滅의 존재에서 불멸不滅의 예술작품 반열에 올라 아주 조금이나마 '누군가'가 되는 게 생존에 필수적인 일인 양 말이다. 예술사와 고

전 작품 그리고 영원과의 연결 고리를 찾아 뽐내고자 하는 바람을 자신의 사진 즉 **셀카** 한 장으로 손쉽게 이룰 수 있다.

구글 아트셀피는 안면 인식 시스템으로 작동되는 앱으로, 우리의 얼굴 지도를 만들고 각각의 얼굴 특성을 거대한 데이터 은행에 보관된 수백만 점의 예술작품과 비교해 비슷한 얼굴을 찾아낸다. 아트셀피에 푹 빠진 스타들은 아름다움을 고이 간직한 자신의 얼굴과 닮은꼴을 찾으려고 휴대폰 카메라를 셀카모드로 설정하고 **백설공주**에 등장하는 왕비처럼 서둘러 거울 앞에 섰다.

그런데 구글은 식인괴물이다. 우리를 모델링할 뿐만 아니라, 그들의 논리로 우리를 집어삼킨다. 나약해진 우리는 자신을 닮은 아름다운 예술작품을 알고 싶다는 핑계로 고유한 생체정보, 다시 말해 우리의 결점이며 상처, 굴곡, 보조개, 주름살 하나하나에 담긴 모든 이야기를 이 탐욕스러운 리바이어던[9]에게 아무 대가 없이 자발적으로 넘긴다.

80년 전에 미국 수학자인 에드워드 캐스너는 '구골 googol'이라는 용어를 발명해냈다. 막대한 수, 어마어마한 수, 거대한 수, '10의 100제곱(10 뒤에 0이 100개 달린 수)'[10]을 표현하기 위해서였다. 그런데 왜 이런 이름을 붙였을까? 언어학자이자 사전학자인 알랭 레에 따르면, gog-, gug-는 영어에 존재하는 의성어로, '고글 goggle'은 '눈동자를 굴리다'라는 의미로

'놀라움'을 연상시킨다. 1996년 당시 스탠퍼드 대학생이던 래리 페이지와 세르게이 브린은 웹 페이지를 찾아주는 검색엔진을 구상하고 있었다. 그때 동기 한 명이 검색엔진이 찾아낸 엄청난 데이터를 의미하는 10의 구골제곱, 즉 10 뒤에 끝없이 0이 붙는 숫자라는 의미로 '구골플렉스googolplex'라는 이름을 제안한다. 이를 '구골googol'로 줄여 출생 신고를 하는 과정에서 이름이 잘못 기재되는 바람에 '구글google'이 된 것이다.

20년이 지난 후 '구글라이저googliser'라는 동사는 전 세계로 퍼져나갔다. 독일어 사전에는 '구겔른Googeln', 스페인어 사전에는 '구글라르Guglar'로 등재된 이 단어는 '구글로 찾는' 행위, '구글 검색엔진에 물어(사람 혹은 사물에 대한) 정보를 얻는' 행위를 가리킨다.

그렇게 하나의 소프트웨어가 창세기에 적힌 대로 하나님의 말씀이 되어 세상을 창조하고, 스스로를 새로운 말씀을 잉태하는 신이라 여기기에 이르렀다. 그리하여 '구골'은 우리가 예술작품인지, 그렇다면 어떤 작품과 가장 닮았는지 말해주고 있다.

●

우리는 누구나 자신이 유일무이한 존재이기를
열렬히 소망하지 않았던가.

●

그런데 우리 얼굴과 닮은꼴도, 우리 존재에 견줄 만한 그 어떤 모델이나 기준, 규격도 없었으면 하는 비밀스러운 욕망은 어디로 갔나? 우리는 누구나 자신이 어떤 타인이나 어떤 예술작품에도 견줄 수 없는 유일무이한 존재이기를 열렬히 소망하지 않았던가. 설사 그것이 미켈란젤로, 티치아노 베첼리오, 보티첼리가 그린 작품이라 할지라도 말이다. 우리는 본래 스스로를 '구글로 찾을 수 없는' 존재라 굳게 믿고 자랑스레 여길 것이기에.

시, 환대,
이방인

"그렇게 한 인간의 죽음은 나를 작게 만드는 것이니, 나는 인류 안에 속해 있기 때문이다. 누구를 위해 종은 울리나. 그것을 애써 알려고 하지 마라. 그 종은 당신을 위해 울리는 것이니."

존 던John Donne

영국 일간지 〈가디언〉이 던진 '시는 우리의 가장 어두운 순간들을 어떻게 밝힐 수 있는가?'라는 질문에 대한 답은 자명해 보인다.[11] 시는 기술에 도취되어 혼돈에 빠진 세상, 모든 것이 평가되고 거래되는 세상에 심리적 안정감을 선사한다. 시는 우리의 마음을 달래고, 우리를 지탱하고 뿌리내리게 해준다. 이익지상주의와 실용만능주의에서 벗어나 운문이나 산문 한 줄을 읽고 음미할 때, 시는 우리 안에서 타인의 목소리가 된다. 다른 곳에서 온 이 목소리는 내면화되어 유익하고 충실한 보증인이 된다. 우리가 공들여 배운 시는 우리 안에 영원히 남는다. 시는 마음의 양식을 겹겹이 쌓으며 동시에 아집에서 벗어나게 해 준다. '낭송가'의 언어인 시는 그런 의미에서 세상에 대한 사용설명서다.

　　　우리 안에 자리 잡고, 우리를 뿌리내리도록 하는 동시에 더 높은 차원으로 이끄는 독특한 목소리가 있다. 삶을 이해하는 새롭고 풍부한 가능성을 우리 안에 침전시켜 우리를 변화시키고야 마는 목소리. 데카르트, 보로미니, 케플러, 루벤스, 베르니니, 렘브란트, 몬테베르디와 동시대를 살았던 아주 오래된 목소리. 이는 시인이자 설교자였던 존 던의 목소리이고, 그의 시는 어니스트 헤밍웨이의 소설 제목이 되기도 했다. 그가 1624년 발표한 시는 영국 문학을 통틀어 단연코 가장 유명한 구절이 되었다. "어떠한 인간도 그 자체로 완전한 하나의 섬일 수 없다. 모든 사람은 바다에 떠 있는 대륙의 한 조각이다. 하나의 흙덩이가 바닷물에 씻겨 사라지면, 유럽은 그만큼 작아진다. 육지 끄트머리가 사라지고, 당신 친구들의 영지가 사라지고, 당신 자신의 영지가 사라지는 것과 같다. 그렇게 한 인간의 죽음은 나를 작게 만드는 것이니, 나는 인류 안에 속해 있기 때문이다. 누구를 위해 종은 울리나. 그것을 애써 알려고 하지 마라. 그 종은 당신을 위해 울리는 것이니.[12]

●

자신을 타인의 머리 위에 있는,

타인과 동떨어진 특별한 존재라 믿고

자신과 자신의 조국은

남다른 운명을 지녔다고 믿는 광기야말로

절대적인 적이다.

●

또 다른 영국 시인 새뮤얼 콜리지는 "부지깽이를 구부려 사랑의 매듭[13]을 엮을 줄" 알았던 존 던에게 찬사를 보냈다. 이 단어들은 무엇을 이야기하는가? 이 단어들이 우리에게 말하는 바, 아니 우리에게 상기하는 바는 우리 모두가 무한한 우주의 거대한 모태 속에서 필연적으로 서로 연결되어 있다는 것이다. 이 단어들은 우리가 가치, 언어, 지리, 문화, 숫자, 여론조사, 할당량 그리고 '외국인 운영 상점 야간영업금지'[14]의 분열을 넘어 같은 땅에 사는 운명 공동체라고 말한다. 이 단어들은 자신을 타인의 머리 위에 있는, 타인과 동떨어진 특별한 존재라 믿고 자신과 자신의 조국은 남다른 운명을 지녔다고 믿는 광기야말로 절대적인 적이라고 말한다. 왜냐하면 인간은 상처받기 쉬운 상호 의존적인 동물이기 때문이다.

고대 그리스인들은 대접이나 환대로 정의되는 교류를 '크세니아xenia'라고 불렀다. 이러한 전통은 인류 역사를 관통해 존재했다. 거지로 변장하고 이타카에 돌아온 오디세우스를 보고, 그가 옛 주인 라에르테스 왕의 아들임을 알아차리지 못했음에도 묵게 해준 늙은 돼지치기 에우마이오스처럼 말이다. 프랑스어 '오트$_{hôte}$'는 대접하는 자를 의미하는 동시에 대접받는 자를 의미한다. 주인이든 손님이든 둘 다 환대라는 관계에 참여하고 있기 때문이다. 인류학자인 미셸 아지에[15]가 설명하

듯, '크세니아'의 진실은 환대라는 개념이 그러한 관계를 맺는 개인들보다 항상 우선한다는 점이다.[16] 환대의 순간, 이방인은 없다. 우리 자신도 타자도 존재하지 않는다. 그렇기 때문에 존 던의 시와 같은 언어는 우리가 혼자가 아니며, 세상 문을 열 열 쇠가 없는 게 아님을 환기시켜 관계를 엮어준다. 중요한 것은 매일매일 세상의 지평을 열고 창조하는 일이다. 더욱이 시poésie 의 어원이 된 그리스어 동사 '포에이엔poeien'의 뜻은 다름 아닌 '창조하다'이다. 예술 형식을 창조하고 삶의 형식을 창조하며 관계를 창조하되, 그 창조의 몸짓은 언제나 단호하게 절대적인 아름다움을 향해 있다.

남보다 돋보이고 싶어하는 방식에 있어서 사람들은 서로 닮았다.

파스칼 브뤼크네르Pascal Bruckner

눈송이들의
노래

"넌 네가 특별하다고 믿지. 너는 특별할 게 없어.
아름답고 유일무이한 눈송이가 아니라고. 넌 다
른 사람들처럼 썩어가는 유기물일 뿐이야."
영화 〈파이트 클럽〉의 타일러 더든(브래드 피트) 대사

'눈송이Snowflakes'[1]의 도시적 개념이 일컫는 현시대의 행동 방식
은 데이비드 핀처가 영화화한 척 팔라닉의 소설 『파이트 클럽』
속 대화에서 기원을 찾아볼 수 있다. "넌 네가 특별하다고 믿
지. 너는 특별할 게 없어. 아름답고 유일무이한 눈송이가 아니
라고. 넌 다른 사람들처럼 썩어가는 유기물일 뿐이야." 이는 현
대판 전도서라 할 만하다.

팔라닉이 쓴 문장을 달리 해석하면, 자식을 신처럼 떠
받드는 극성 부모의 과잉보호를 받고 자란 눈송이 세대는 자기

자신을 독특하고 유일한, 없어서는 안 되는 **대단히** 흥미롭고 특별한 존재로 여긴다. 이 응석받이 아이들은 반대라면 질색하는 변덕스러운 어른으로 자라난다. 문제 제기 자체를 자신의 유일무이함에 대한 공격으로 받아들이기 때문이다. 초연결 사회를 살아가는 젊은 세대는 모든 차이를 위협으로 간주하며, 외부 공격으로부터 자신을 보호할 수 있는 '안전한 공간'을 필요로 한다. 그들 가운데 상당수는 SNS상에서 갑자기 사라지는 '고스팅' 기술을 구사한다. 조금이라도 불쾌하거나 본인의 신념에 반하는 지적을 들으면 가상 세계는 물론 현실 세계에서도 하루아침에 모든 관계를 끊어버리는 것이다. 자기 확신에 갇힌 눈송이 세대는 세상을 부분적이고 편파적인 시선으로 바라보는 과격분자들이지만, 자신이 보편적인 관점을 지녔다고 스스로 생각한다.

●

개인주의가 '전부'일 때
우리는 완전히 순응주의자가 된다.

●

심리학자 레온 페스팅어는 1950년대에 '인지부조화' 개념을 최초로 정의하고, 자신과 다른 의견이나 감정, 믿음을 기피하는 개개인의 전략을 설명하였다. 이는 아마도 현대인의 가장 실망스러운 모습 가운데 하나일 것이다. 질서정연하고 서열화된 전통에 목매는 세상에서 개인주의는 규범에서 완전히 탈피한 선구적이고 바람직한 시도로 비쳤으며, 개성 강한 인물들이 관습과 대세를 뛰어넘게 해주었다. 이런 의미에서 갈릴레오 갈릴레이, 조르다노 브루노, 데카르트, 스피노자, 프로이트는 위대한 개혁가이면서 동시에 개인의 자유를 온몸으로 체현한 역사적 위인들이었다. 그러나 파스칼 브뤼크네르가 『순진함의 유혹』에서 보여주었듯, 개인주의는 관습과 규범, 도그마와 초월성을 넘어 오늘날 지배적인 기준으로 보편화되었고, 독립을 표방하는 일이 많아지면서 '도처에 널린 평범함' 즉 정체성 과잉과 유사한 평범함과 혼동되기 시작했다.

파스칼 브뤼크네르는 다음과 같이 썼다. "우리는 자신이 대체 불가능하다고 믿고, 타인을 특징 없는 군중으로 보지만, 이러한 믿음은 모두가 똑같은 주장을 하는 즉시 폐기된다. (…) 이러한 우리의 시도는 결국 남보다 돋보이고 싶어하는 방식에 있어서 사람들은 서로 닮았다는 결론으로 귀결된다."[2]

개인주의가 '전부'일 때 우리는 수단과 방법을 가리지 않고 차별화되려 하고, 집단 무리에서 벗어났다고 생각하면서 완전히 순응주의자가 된다. '나는 달라', '나는 눈송이야'는 남들의 관심을 끌지 못해 투명인간 취급받는 것을 무엇보다 두려워하는 우리 시대 군집형 인간이 외치는 구호이다. 정신분석학자 에블린 케스탕베르의 표현에 따르면 타자의 시선으로부터 벗어난다는 것은 '전前존재'[3], 다시 말해 누구에게도 아무것도 아니라서 자기 자신에게도 아무도 아닌 사람으로 남는 것이다.

그 결과 우리는 돋보이기 위해 서로를 따라한다. 스스로 눈송이처럼 유일무이하다 여기며 의기양양하게 깨어나지만, 남들처럼 진부하고 평범한 자신의 모습을 발견하고 저녁에 홀로 잠자리에 든다.

강자와 약자

"가장 강한 자의 말이 가장 옳은 법이다."

장 드 라 퐁텐 Jean de La Fontaine

앤드레 지드는 늑대와 양의 우화를 언급하며 '완벽한 대상'[4]이었다고 주장했다. 양이 맑은 강물을 마시며 갈증을 풀고 있는데 시빗거리를 찾아 헤매던 굶주린 늑대가 나타나 땅에 대한 권리를 주장하고 자신의 절대적인 우월성을 내세운다. 결국 늑대는 양을 집어삼키고, 라 퐁텐은 "가장 강한 자의 말이 가장 옳은 법이다"라고 말한다.

현대 교육제도에서 교사는 강자에게 좋은 점수를 준다. 기업도 마찬가지로 강자를 추켜세운다. 노동자는 경제적 효율성이라는 절대명령에 복종하는 능력에 따라 평가받으며, 가장 유능한 자는 빛나는 성적표와 특전이 따라오는 칭찬 스티커를 받는다. 어른들에게는 회사가 학교이고, 사장은 옛날 옛적 선생님 행세를 한다. 그러는 동안 신용평가회사들은 긴축예산을 편성해 은행가의 힘을 키워주고 약해진 서민들을 허기진 늑대의 먹잇감으로 내모는 강대국에 트리플에이 등급을 부여한다.

그런데 누가 강하고 누가 약한 걸까? 정말로 누가 강한 걸까? 육체적으로 가장 강한 자일까, 지적으로 가장 강한 자일까? 가장 능숙한 자일까? 가장 참을성이 많은 자일까? 가장 교활한 자일까? 그리고 누가 약한 걸까? 따라가는 자인가? '예'라고 말하는 자인가? 친절한 자인가?

자유시장은 경쟁을 미화하고, 패자와 약자를 희생양 삼아 승자와 강자에게 가장 큰 몫을 떼어준다. 자연이 빈 공간을 싫어한다면, 자본주의는 실패를 싫어한다. 우리는 세상을 지배하고, 선생인 양 끝없이 타인을 평가해 점수를 매기고 칭찬 스티커를 나눠주는 일에 익숙하다.

그런데 삶을 평가할 수 있는 관점이 존재할까? 부자와 빈자, 수영 챔피언과 부패한 축구 선수, 정직한 노동자와 무직자, 불행한 자와 운 좋은 자, 예술가와 현자의 삶이 1등급에서 10등급 중 몇 등급의 가치를 지니는 걸까?

삶은 기업도, 은행도, 학교도 아니며, 등급을 매겨 관리하는 신용평가회사는 더더욱 아니다. 삶은 우리를 끊임없이 시련에 들게 하고, 이 끝없는 도전에서 강자가 별안간 약자가 되는 사고가 발생하기도 한다.

그리고 삶 전체가 사고인 사람들도 존재한다. 그들의 삶에는 어떤 점수를 매기고 어떤 가치를 부여해야 할까? 그들은 어딘가 우화 속 양과 닮았다. 사람들은 그들을 불구자, 무일푼, 약자, 극빈층, 취약계층이라 부른다. 그들에게서는 물론 강자의 오만함을 찾아볼 수 없다. 하지만 점수나 성적표 없이도 매일매일 한계에 맞서며 살아가는 이들은 진정한 힘이 무엇인지 누구보다 잘 안다. 절대적인 취약함을 겪었기에 그들의 **존재**가 힘이고, 그들은 힘의 화신이 된다.

미국 철학자 마사 누스바움의 저서를 관통하는 질문은 '어떻게 살 것인가'이다. 작가는 고대 철학과 그리스 비극을 바탕으로 육체와 감정, 취약성이라는 세 가지 개념을 재해석한다.[5] 그녀는 선한 인간이나 귀족, 영웅이 운명의 시련에 맞서 절대 패하지 않는 강자라는 스토아학파의 이상을 옹호하지 않는다. 대신, 잘 살려면 취약성을 무릅쓰고 노화와 힘의 소멸, 부식된 인체의 몸짓과 목소리, 육체의 붕괴에 맞서야 한다고 주장한다. 다시 말해 잘 사는 것은 스스로가 지나가는 존재임을 받아들이고, 타자와 세상사의 흐름에 의존하고 있음을 받아들이는 것이다. 마사 누스바움은 소설가 헨리 제임스로부터 소중

하지만 불완전하고도 부서지기 쉬운 '깨진 황금잔'이라는 상
징적 이미지를 빌려와 우리의 실체를 보여준다.

삶에서 상처 입은 자들의 목소리를 슬램으로 대변하는
대중 음악가 '그랑 코르 말라드Grand Corps Malade'[6]는 '약자들'의
오감이 상처 입으면 "의지를 초월하고, 그 무엇보다 강하며, 제
한이 없는 여섯 번째 감각이 살아나 그들을 해방시킨다"라고
선언한다. "그것은 그저 살고자 하는 마음이다."

그렇다면 누가 강자이고, 누가 약자일까? 우화에 등장
하는 양과 늑대 중 누구의 심장이 더 세게 뛰는 것일까?

식도락 휴머니즘을
위하여

정신분석학, 스노우 글로브, 신년음악회, 멜랑콜리, 유럽 최초의 카페 '파란 병 아래의 집Hof Zur Blauen Flasche', 슈트라우스 왕조, 히틀러의 실패한 야망 그리고 비에누아즈리는 오스트리아 빈에서 탄생했다.

대대로 이어져 내려오는 빈을 대표하는 디저트는 참으로 우연히 탄생했다. 1832년 열여섯 살 젊은 파티시에 프란츠 자허는 궁정에서 요리 견습생으로 일하던 중 병이 난 제과장을 대신해 급히 투입되어 메테르니히 왕자를 위한 특별 레시피를 개발한다. 이 디저트는 만든 사람의 이름을 넣어 '자허토르테'라 불렸는데, 중간에 살구잼이 들어가고 겉에 다크초콜릿을 입힌 푹신한 초콜릿 스펀지케이크로, 휘핑크림을 곁들여 낸다.

기록에 따르면 왕자는 **가까스로** 만들어진 비상 디저트를 무척 마음에 들어했다. 하지만 이야기는 단순한 일화에 그치지 않고 역사가 된다. 자허가 십여 년간 브라티슬라바와 부다페스트를 여행하고 빈으로 돌아와 1848년 식료품 가게를 연 것이다.

데멜에게서 요리를 배우던 자허의 장남 에두아르트는 아버지의 레시피를 보완해 맛을 완성하고 이를 1870년대 데멜과 함께 세운 자허 호텔에서 디저트로 판매한다.

자허의 케이크는 순식간에 명성이 자자해졌다. 슈테판 츠바이크의 소설 『초조한 마음』 초반에도 언급될 정도다. 그런데 이 시기 빈은 자허토르테를 둘러싼 원조 논란으로 분열되어 있었다. 자허 호텔에서 판매하는 자허토르테와 데멜 카페가 선보인 자허토르테를 두고 미각 전쟁이 벌어진 것이다. 소송은 해를 거듭하며 이어져 '감미로움을 위한 7년 전쟁'이라 불렸고, 당시 기자들은 이 사건을 예술을 위한 예술, 마멀레이드를 위한 마멀레이드 전쟁이라고 선언했다.

츠바이크는 감미로운 전쟁도 초콜릿 전쟁도 아닌 완전히 다른 전쟁통에 쓴 회고록 『어제의 세계』에서 빈의 카페 문화를 언급한다. 카페에서 타인의 삶을 관찰하며 몇 시간씩 앉아 있기를 좋아했던 작가의 특징이 작품에도 고스란히 묻어난다. 그는 작은 것들을 참을성 있게 관찰하고, 심리적 디테일을 현미경으로 보듯 포착하고, 사랑하고, 묘사할 줄 알았다. 인간 영혼에 깊이 천착한 슈테판 츠바이크는 여행하듯 영혼을 탐험했다. 실제로 여러 나라와 세상을 여행했으며, 유럽 역사의 위대한 탐험가이기도 했다.

제과업자, 미식가, 쇼콜라티에 들에게 기쁨을 선사했던 2017년은 작가가 세상을 떠난 지 75주년이 되는 해였다. 유럽의 대참사를 피해 브라질의 페트로폴리스로 도피했던 슈테판 츠바이크는 60세에 그곳에서 스스로 목숨을 끊었다. 그는 최후의 체스를 두었고, 동트는 새벽을 보려 하지 않았다. 1942년 2월 5일의 일이다. 독일 점령하에 금서였던 톨스토이 평전에 츠바이크는 이렇게 썼다. "도덕적으로 생각하는 모든 인간은 국가에 저항해야 한다." 그리고 오직 "자신의 부패하지 않는 양심"만을 따라야 한다. 우리는 이 글을 법이 우리의 양심에 비춰 부당해 보일 때, 우리의 자유와 책임, 불복종에 대한 주의를 게을리하지 말라는 권고로 읽어야 한다. 숭고한 지적인 무기로 저항하고, 선한 유머를 지향하며, 넓은 아량을 베풀고, 언제 어디서나 아름다움을 추구하기. 이것이 매년 돌아오는 생일에 우리가 촛불을 끄며 빌 고귀한 소원일 것이다.

초콜릿 전쟁으로 돌아가보자. 살구잼과 초콜릿 코팅, 스펀지케이크가 결합한 지 1세기도 더 지난 1962년, 오스트리아 최고재판소는 자허토르테의 오리지널 상표권이 자허 호텔에 있다고 최송 판결을 내렸다.

무대 뒤와 역사의 부엌에서 영혼을 고양하는 이야기.
그것이 인간의 이야기이다.

포모F.O.M.O 또는
혼자라는 아찔함

그리스어도, 라틴어도, 고대어도 아니다. 포모는
영미권 문화에서 '놓치는 것에 대한 두려움Fear Of
Missing Out'의 앞 글자를 따 조합한 단어이다.

포모F.O.M.O는 무언가를 놓치거나 그 자리에 있지 못하는 것에
대한 공포, 남들이 가는 모임에 자신만 빠지는 것에 대한 공포
를 가리킨다. 그럴 때 우리는 공동체 밖으로 쫓겨난 듯한 씁쓸
함과 사람들의 관심 밖으로 밀려났다는 불쾌함을 느낀다.

F.O.M.O라는 네 글자는 이처럼 공동체에 속하지 못한
느낌을 나타낸다.

포모증후군은 온갖 중류의 중독으로 나타나는데, 그중
에서도 공동체 소속감을 대체할 목적으로 고안된 기술에 대한

중독을 들 수 있다. 우리가 흔히 'SNS'라 부르는 사람과 사람을 이어주는 도구들과 앱들(문자메시지, 트위터, 페이스북, 인스타그램, 왓츠앱, 링크드인)은 인정받고 사랑받고 수용되고 싶은 우리의 욕구를 부추긴다. 또 우리는 완전히 혼자가 아니며, 비슷한 타인들과 위험하지 않은 관계를 맺고 연결되어 있다고 스스로 안심시키며 인간의 원초적 두려움을 잠재운다. 네트워크는 육체적 존재 특유의 떨림을 지닌 우리가 모든 제약과 취약성을 지닌 채, 실제로 만나지 않고, 피부나 냄새, 온기가 느껴지는 대면 접촉 없이 하나 되고 관계를 맺는 방식일 것이다.

현대 희곡 작가인 폴 푸르뵈르는 심SIM카드를 통해 서로 연결해주는 디지털 기기들을 '관계적 보철기'라 불렀다. 무수한 앱들이 설치된 스마트폰은 결함 있는 기관을 대신하는 보철기 중에서도 관계를 대신하는 보철기가 되어 대체 관계를 제안하고, 대면 접촉의 부족함을 채워 어디에도 소속되지 못하고 사회에서 배척되는 공포인 포모증후군에 대한 최고의 치료제가 된다. 보철기는 정의상 언제나 몸 외부에 있다. 세상에 존재하는 각종 인간관계 앱에 접속할 수 있게 해주는 스마트폰의 경우 몸의 개입은 단 하나의 점, 바로 우리의 손끝에서 극히 제한적으로 일어난다. 인류의 사촌인 영장류를 제외한 그 어떤 포유동물이나 생물도 갖고 있지 않은 기관이자 관계를 만들어내는 기관은 바로 손이다. 손은 주고 받고 잡고 뻗고 조작하고 쓰다듬고 만들어내고 연주하고 요리한다. 손은 재료를 변형시키고, 성질을 바꾼다. 다시 말해 세계 자체를 바꾼다. 그런데 오늘날 세상에 작용하는 손은 '수작업'에서 말하는 만드는 손이 아닌, 터치스크린을 쓰다듬는 손가락이다. 가상의 클라우드에 이르기까지 인간은 얼마나 긴 여정을 거쳐왔던가. 직립 인간 **호모 에렉투스**Homo erectus와 네안데르탈인, 도구적 인간 **호모 파베르**Homo faber를 지나, 단 한 지점으로 활동을 줄인 현대인 **호모 디기탈리스**Homo digitalis가 되었으니 말이다.

포모는 무언가를 놓치는 것에 대한 두려움이다. 옛 사람들은 무언가 부족할까 봐 두려워했다. 오늘날 남들이 뭐라 하든 여전히 부유한 선진국 사람들은 '무언가' 놓칠까 봐 두려워한다. 그런데 우리에게 부족한 것은 무엇보다 진짜 관계와 몸, 진정한 대면이 아닐까?

●

옛 사람들은 무언가 부족할까 봐 두려워했다.
오늘날 남들이 뭐라 하든 여전히 부유한 선진국 사람들은
'무언가' 놓칠까 봐 두려워한다.

●

조모 J.O.M.O., 조시 J.O.S.I. 또는 집에서 느끼는 평온함

포모F.O.M.O.라는 사회인류학적 개념에 맞서 등 장한 조모J.O.M.O.와 조시J.O.S.I.는 새로운 기분 에 대해 많은 것을 시사한다.

포모는 영어로 '놓치는 것에 대한 두려움'의 앞 글자를 따 조 합한 단어로, 모임에 빠지거나 소속감을 상실하는 것에 대한 공포를 지칭하는 사회인류학적 개념이다. 이에 맞서 등장한 두 가지 줄임말은 새로운 기분에 대해 많은 것을 시사한다. 바로 모임을 놓치는 즐거움Joy Of Missing Out의 줄임말 조모 J.O.M.O.와 집에 머무는 즐거움Joy Of Staying In의 줄임말 조시 J.O.S.I.이다.

향초를 켜놓고 가족이나 친구들과 티타임을 갖거나, 술

을 한잔하거나, 집에서 저녁식사를 함께하거나, 소파에 누워 뒹굴면서 영화를 한 편 보거나, 아니면 그저 아무 말 없이 책을 읽는 잔잔한 기쁨에 대해 말하려면 어떤 철학자를 소환해야 할까?

'조시'에 필적할 만한 개념을 내세운 사상계의 유명인사가 있었다. 이 철학자는 현대의 격동기가 시작되기 수 세기 전에, 1차 산업혁명이 일어나기도 전에, 자동차, 비행기, 원자폭탄, 광섬유 케이블이 등장하기 전에 인간의 문제를 지적하기 위해 "우리의 대표적인 문제가 자기 집에 평화로이 머무르지 못하는 데 있다면?"이라고 물었다.

현대인은 바쁜 스케줄에 강박 증세를 보인다. 디지털 시대에 여가 증진과 정보의 풍요는 우리에게 결코 끝나지 않은 듯한 느낌을 준다. 배우는 것도, 책을 읽는 것도, 나누는 것도, 기분 전환을 하는 것도, 메일함에 실시간으로 쌓이는 메일에 답하는 것도, 새 메일이 도착했다고 알리는 알람을 받고 놀라서 펄쩍 뛰는 것도 영원히 끝나지 않는다는 느낌 말이다. 그런데 어째서 모두가 바쁘다고 말하는 걸까? 바쁘다는 말은 그 사람을 '있어 보이게' 하고, 드높이고, 내세우기 때문이다. 바쁘다는 것은 그 사람의 중요성을 강조하고, 우리는 사회적으로 성공한 사람의 특징이 바쁜 것이라고 오해하고 있다.

우리는 조시를 느껴보려고 시도할 수도 있고, 『팡세』에서 "인간의 모든 불행은 단 한 가지. 고요한 방에 들어앉아 휴식할 줄 모르는 데서 비롯된다"[7]라고 조시를 철학적으로 표현한 블레즈 파스칼을 비난할 수도 있다. 파스칼은 인간의 불행과 위대함에 관해 다룬 철학자였다. 키르케고르도 『팡세』를 읽었고, 사르트르도 『팡세』를 읽었으며, 앙드레 콩트 스퐁빌은 블레즈 파스칼을 인생의 철학적 발견으로 여겼다. 하지만 파스칼은 오락의 철학자이기도 하다. 파스칼은 오락을 필요로 하는 것이야말로 근대인의 특징이며, 탐험할 게 무궁무진한 세상에서 근대인은 일상의 흐름을 가속화해 삶을 단축시키는 결과를 초래하는 진보에 맞서야만 한다고 주장한다. 모든 사람이 빨리 달리고, 빨리 먹고, 자동차의 가속 페달을 밟는다. 더 빨리 도착하려고 내비게이션을 사용하고 비행기를 타며, 더 빨리 피로를 회복하려고 멜라토닌을 복용한다.

오락이란 무엇일까? 그것은 우리의 근심을 잊게 하는 소일거리, '기분 전환'이나 '머리 비우기' 범주에 들어가는 활동들이다. 그러나 보다 일반적이고 심오한 의미에서 오락divertissement은 인간이 자기 자신과의 실제적인 대면을 피할 수 있게 해주는 모든 활동을 가리킨다. 이것이 오락의 어원인 라틴어 '디베르테레di-vertere'의 의미이다. 파스칼에 따르면 직업이나 어려운 임무와 같은 진지한 우리의 활동들은 스스로 하는 일의 진짜 의미에 대해 자신을 속이는 오락에 불과하다.

따라서 오락은 인간이 자기 자신과 홀로 지내는 것이 불가능하고, 항상 부산히 움직이고 주의를 산만하게 할 필요가 있음을 의미한다. 바로 그런 이유로 우리는 스스로 일을 만들어내고, 아이들에게 할 일을 준다. 왕들은 일에 매이고, 경영자들은 일에 치이고, 우리는 회의를 핑계 삼아 정신을 딴 데 팔 필요가 있다. 파스칼은 이에 대해 인간이 자기 자신을 마주하고 '그저 스쳐가는 존재'라는 진실을 마주하기를 두려워하기 때문이라고 설명한다.

　　파스칼에게 답을 하기 위해 권태로운 하루의 이로움을 깨달으면서, 그저 어떤 일이 벌어지는지, 침묵과 순수한 내면에서 무엇이 나오는지 지켜보면 어떨까. 그저 집에 머무는 조시를 체험하는 게 얼마나 대단한 기쁨을 느끼게 하는지 알아보면서 말이다.

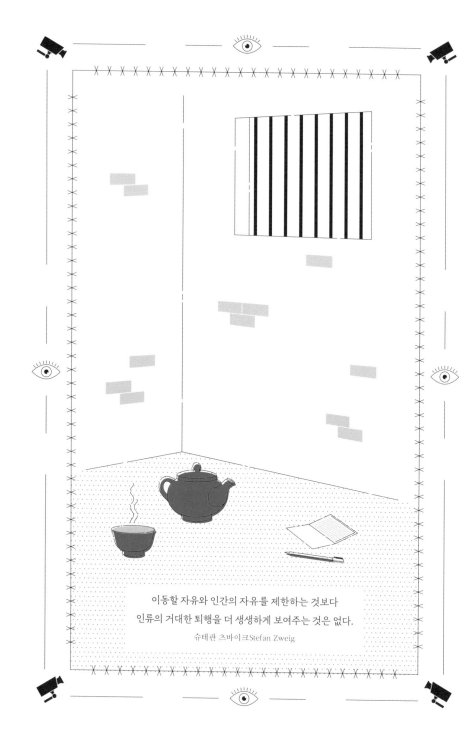

이동할 자유와 인간의 자유를 제한하는 것보다
인류의 거대한 퇴행을 더 생생하게 보여주는 것은 없다.

슈테판 츠바이크Stefan Zweig

당신의 감옥은
당신의 왕국이다

공포와 질병에 있어서 현대인은 온갖 종류의 다양한 공포증들을 만들어냈다.

사피엔스는 그들의 조상과 마찬가지로 신과 죽음을 두려워하고, (현기증으로 고통받고 있다면) 고소공포증, (군중을 두려워한다면) 광장공포증, (피를 보는 것을 무서워한다면) 피 공포증, 누군가가 자신을 만지는 걸 견디지 못하는 접촉공포증 등을 빈번하게 앓는다. 그 외에도 외국인혐오증을 보이는 경우도 흔하고, 그보다 흔치 않지만 스마트폰이나 충전기가 없으면 과도하게 불안해하는 노모포비아('No Mobile Phobia'의 줄임말) 증세를 보이기도 한다. 특히 스마트폰 중독 증상에서 중요한 점은, 우리

가 연결이 끊어지는 것을 사회적 소속감의 상실로 받아들여 두려워한다는 사실이다.[1]

일은 삶에서 중요한 자리를 차지한다. 어디든 마찬가지이지만 특히 한국에서 그렇다. 주 100시간 근로나 일 공포증을 의미하는 에르고포비아ergophobia도 드물지 않다. 그러다 보니 탈접속을 꿈꾸는 이들도 생겨났다. 이에 한국인 노지향은 기발한 치료법을 개발했다. 모든 것은 고단한 일과를 보내고 녹초가 되어 퇴근한 남편의 한마디에서 시작되었다. 남편은 농담 반 진담 반으로 일주일 정도 감옥에 갇혀서 쉬고 싶다고 종종 생각한다고 말했다.

●

특히 스마트폰 중독 증상에서 중요한 점은,
우리가 연결이 끊어지는 것을
사회적 소속감의 상실로 받아들여 두려워한다는 사실이다.

●

노지향은 남편의 말을 진지하게 받아들이고 이를 실행에 옮겨 2013년 '내 안의 감옥Prison Inside me'을 만들었다. 하룻밤에 5만 원을 내고 세상과 단절된 채 휴식을 취하는 감옥이다. 5제곱미터 크기의 감방에 전화기는 없다. 바닥에는 요가 매트가 깔려 있으며 노트, 펜, 차가 준비되어 있다. 그게 전부다.

이 이야기 덕분에 우리는 자신에게 물어본다. 성찰을 하려면 무엇이 필요한가? 결국 필요한 것이라고는 고요한 장소, 노트, 펜, 차 한잔이 전부다. 그거면 충분하다.

왕국을 닮은 이 자발적 감옥에서 우리는 자유를 맛본다. 모든 조합이 가능하기 때문이다. 사람들은 프루스트처럼 차를 음미하며 잃어버린 시간을 찾아 떠날 수 있다. 중국의 현자처럼 삶의 의미는 차 한 잔이라고, 혹은 아니라고 주장할 수도 있다. 발자크처럼 『인간 희극』을 쓰기 위해 새벽 다섯 시에 일어나 찻잔 속 카페인의 힘으로 깨어 있을 수도 있다. 아니면 카뮈처럼 펜 한 자루 손에 쥐고 무릎을 책상 삼아 차를 마시며 마리아 카자레스에게 864통의 연애편지를 쓸 수도 있다. 마지막으로 차가 식는 동안 누워서 장자처럼 꿈을 꿀 수도 있다.

겨우 5제곱미터 남짓한 별 볼 일 없는 장소나 구석, 혹은 방에서 세상 전체를 감싸 안을 수 있다. 이것이 보들레르가 궁전에는 "사생활을 위한 공간이 없다"고 지적했던 역설이다. 나는 나비이기를 꿈꾸는 인간일까, 아니면 인간이 되기를 꿈꾸며 날갯짓하는 나비일까? 자신의 감옥에서 행복하고도 자유로운 장자는 그렇게 묻는다.

인간
사냥

'수감자들을 어떻게 최적의 방식으로 통제할 수 있을까'라는 질문에 벤담은 '비용이 거의 들지 않고 본보기가 될 만한 실용적인 건축을 통해서'라고 답한다.

1780년에 영국 철학자 제러미 벤담은 56페이지 분량의 건축서 『파놉티콘』을 썼다. 벤담은 사법개혁위원회에 "이 모델에 따라 감옥을 짓도록 해달라"고 요청한다. "나는 그곳의 간수가 되겠소. 간수들은 봉급을 받을 필요가 없고, 국가에 전혀 돈이 들지 않는다는 것을 (…) 알게 될 것이오."

『파놉티콘』은 감옥 건축 양식에 관한 책이자 감시에 대한 사유를 담고 있는 에세이이다. '수감자들을 어떻게 최적의 방식으로 통제할 수 있을까'라는 질문에 벤담은 '비용이 거의 들지 않고 본보기가 될 만한 실용적인 건축을 통해서'라고 답한다. 1975년 또 다른 철학자 미셸 푸코는 파놉티콘식 비전에 관심을 갖고, 그의 주요 저서 중 하나인『감시와 처벌』을 쓰게 되었다. 푸코는 시야를 넓혀 파놉티콘 모델에서 감옥을 비롯해 학교, 군대, 병원, 공장을 지배하는 규율 사회의 본질을 알아본다.

사실 벤담의 건축 양식은 동생인 새뮤얼 벤담이 그린 공장 도면에서 착안한 것이었다. 정사각형이나 원형으로 설계된 일종의 '오픈 스페이스'에 설치된 보이지 않는 간수들이 자리한 감시탑은 망루를 모델로 한 감시의 관념적 이미지이다. 피감시자는 누군가 자신을 지켜보고 있는지 알지 못한 채 다른 동료 죄수들을 감시한다. 그리고 보들레르가 세상에서 가장 아름다운 한 편의 시에서 말한 고통처럼[2], 죄수는 항상 감시받고 있음을 자각한 순간 더 조용히 순해질 수밖에 없다.

디낭 감옥, 파리에 있는 프티트 로케트 감옥, 건축가 렘 콜하스가 설계한 네덜란드의 아른헴 감옥을 위시한 전 세계 백여 개 감옥들은 벤담의 사유가 낳은 건축물이다.

소설 분야에서는 예브게니 자먀친, 올더스 헉슬리, 조지 오웰이 파놉티콘에서 커다란 영감을 얻어 유리 도시, 멋진 신세계, 런던시에서 작동하는 규범적 권력, 시민들의 규제와 통제에 대헤 성찰한 바 있다.

그런데 이 같은 감시의 전통적인 모델들이 오늘날 중국에서 개발한 신기술의 등장으로 구식이 되었다. 이제 공공장소에서 단속반은 거의 쓸모 없게 되었다. 알고리즘이 그 역할을 대신하기 때문이다. 만약 보행자가 횡단보도가 아닌 곳에서 혹은 빨간 신호등일 때 길을 건너면 카메라가 즉시 그의 얼굴을 촬영해 수백만 개의 데이터를 뒤진 뒤 도시의 거대 전광판에 이름과 함께 사진을 띄워 공개적으로 모욕을 주는 방식이다. '밀고한' 주체가 기술이기에 누구에게 항의할 수도 없다.

감시 카메라와 감시 드론을 보완한 신기술이 등장했다. 눈에 띄지 않고 휴대가 용이한, 범죄자 식별용 접는 선글라스인데, 중국 중동부에 위치한 허난성의 정저우시 철도 경찰에 소개되어 테스트된 바 있다.

LL비전테크놀로지 대표는 이 선글라스가 고위험군 범죄자의 프로필을 수집한 데이터베이스를 활용해 0.1초 안에 신원을 식별할 수 있다고 설명한다. 실용적인 데이터베이스가 경찰관 주머니에 쏙 들어간 것이다.

●

우리가 신기술의 타깃이 되는 것은
두렵지 않은가?

●

개인이 몸에 칩을 삽입당하고, 분류되고, 감시받고, 통제되고, 스캔당하고, 디지털화되며, 자발적으로 공유한 데이터로 인해 축소되는 세상에서, 가택침입 합법화를 시도하는 동시에 연대를 처벌하는 세상에서, 밀고를 장려하고, 가난한 자들의 긴급의료시스템 접근을 더 복잡하게 만들고, 공원에서 외국인들을 추방하며 새로 온 사람들(우리가 무심히 난민, 불법체류자, 이방인, 이민자라고 부르는 사람들)에게 문을 연 예술의 집들을 통제하고 단속하는 세상에서 감독관이나 교도관이길 기꺼이 자처한 우리. 우리가 신기술의 타깃이 되어 하루아침에 범죄자나 이방인으로 전락하는 것은 두렵지 않은가?

당신과의 거리,
너와의 거리

고작 인칭대명사 하나가 모든 차이를 만들며, 세상
의 질서 속에서 당신이 차지하는 위치를 말해준다.

인간관계의 품격을 높이고 싶은 사람에게 '안녕하세요'는 아주
중요한 말이다. 인사를 받은 사람은 인사한 사람에게 그 인사
를 돌려주는 게 예의이다. 하지만 인사를 나눈 뒤에는 어김없
이 어떤 높임법을 써야 좋을지 선택하는 문제가 따라온다. 상
대에게 말을 놓는 게 좋을까, 존대하는 게 좋을까? 먼저 나서서
관계의 틀을 정하는 역할은 누가 떠안는 걸까? 당신이 존댓말
을 쓰면 상대도 존댓말로 답할 것이다. 그런데 이 법칙은 영어
로 말할 때는 아무 의미가 없다. 영어로는 상대방과 나 사이에

불변의 2인칭대명사 'you'만이 존재하며, 이때 'you'가 정중한 표현인지 친근한 표현인지, 상대와의 거리가 가까운지 먼지는 알 수 없다.

프랑스어는 언어를 사용하는 방식뿐 아니라 세상을 이해하고 친절함을 알아보는 방식에 있어서도 차이를 두고 서열과 순서를 정한다. 고작 인칭대명사 하나가 사적으로 다정하고 친밀한 관계와 존경은 하나 가깝다고는 볼 수 없는 (혹은 아직 가깝지 않은) 관계를 구별해준다. 왕이나 장관 앞에서, 거리에서 만난 모르는 사람에게, 처음 본 누군가에게 말을 놓는 모습은 상상하기 힘들다. 마찬가지로 의사와 법조인, 상인들도 처음 본 환자나 손님에게 반말을 하지 않는다. 언어의 질서가 상징적인 질서를 세우고, 모든 언어 행위는 사회적 교류의 장에서 우리가 차지하는 위치를 반영하기 때문이다.

이와 관련해 프랑스 시사지 『롭스L'Obs』는 평어 사용이 프랑스 회사에서 일반화되었지만, 임금근로자에게 규칙의 혼동이나 틀과 기준의 붕괴 같은 주요 위험을 초래한다고 지적한다.[3] 평어가 환기하는 바와 달리 직원은 가족이 아니고, 기업은 상하관계가 뚜렷해 권력이 평등하게 행사되지 않는 곳이기 때문이다. 그런데 양볼을 맞대는 인사와 평어 문화는 서로를 가깝고 다정한 동료라고 믿게 하는, 오늘날 하나의 기준으로 자리 잡았다. 실상은 정반대로 각자도생을 꾀하고 자신의 노력을

투자수익률로 계산하면서 말이다.

흥미롭게도 과업 분업화를 특징으로 하는 테일러식 경영 모델을 택한 기업들은 대부분 존댓말 사용을 권장한다. 명령은 어디에선가—위에서부터—내려오고, 높임말로 해야 한다. 반면 위계질서를 덜 중시하고, 피라미드적 권력관계가 약하며 수평적인 소통이 이루어지는 홀라크라시[4] 문화를 택한 기업에서는 평어를 적절한 어법으로 여긴다.[5] 그러나 상사에게 말을 놓는 것은 애매모호함을 끝없이 키우는 일이다. 평어 사용은 근로자가 일터와 사생활을 구분하지 못하게 한다. 우리는 기업문화를 말할 때 '직장 내 행복'이나 '개성 존중' 같은 개념을 언급한다. 사실 이러한 미묘한 표현의 차이는 다른 사람 주머니를 채우는 임무를 수행하고 그 대가로 월급을 받는 장소에 근로자의 감정이 개입되게 만든다. 기업은 근로자가 기업을 가족이라고 믿도록 대대적인 인적 자원을 투입해 설득하고 평어 사용을 권장한다. 하지만 사장이 뭐라고 떠들든 기업은 가족이 아니다.

때로는 평어 사용이 호의적으로 느껴진다. 하지만 이는 개방성과 융통성, 가용성을 강요하는 독재의 시대에 유용하고도 필수적인 한계를 없애고 경계를 지우는 일종의 함정일 수 있다.

리처드 세넷을 다시 읽어야 하는 이유가 여기에 있다.

인터넷과 페이스북, 소셜네트워크가 등장하기 전에 쓴 저서 『공인의 몰락*The Fall of Public Man*』[6]에서 세넷은 사회 구성원들의 친교와 성숙을 통한 개인적 진실성의 추구라는 것이 실제로는 공손함을 거부하는 형태임을 보여준다. 공손함이란 나와 타자를 나누고 구별하며, 이러한 거리를 통해 타자와의 동행을 즐기는 활동이기 때문이다. 존댓말을 사용하는 이유 중 하나는 공손함과 예의를 갖추기 위해서다. 이러한 '경어'는 동등한 사람들이 아닌 평등한 사람들 사이의 존경의 거리를 설정하는 것이다. 이 둘은 완전히 다른 문제다.

실제로 고작 인칭대명사 하나가 모든 차이를 만들며, 세상의 질서 속에서 당신이 차지하는 위치를 말해준다

복수
너머에

"우리에게 평화를 줄 수 있는 건 오직 하나, 상호 관용의 협약뿐이다."

세네카Lucius Annaeus Seneca

삶을 가장 잘 사유하는 예술은 아마도 연극일 것이다. 1세기 로마의 스토아학파 철학자 세네카는 1112행으로 쓴 비극에서 절대적인 폭력에 관한 철학적 사유를 종말론적 분위기로 표현했다.[7] 이 작품의 제목은 「티에스테스」다. 죄가 너무도 끔찍해 태양은 길을 되돌려 백주에 사라지고, 황도대의 별자리들은 하늘에서 떨어지며, 포도주는 피와 뒤섞이고, 무구한 인간의 살점은 연회상 한가운데에 오른다. 아트레우스의 잔혹한 복수를 주제로 하는 「티에스테스」는 이상하게도 오늘의 현실을 닮아 있다. 개인적 차원의 치졸함부터 거리에서, 나아가 세계 곳곳에서 대규모 분쟁을 선동하는 우리의 현실 말이다.

모욕을 당하고 수치스러운 마음에 아무도 모르게 음모를 꾸미거나 나쁜 생각을 품지 않은 사람이 있을까? 수모를 겪은 뒤 치욕을 되갚아주려고 증오심에 불타지 않은 민족이나 국가가 지구상에 있을까? 배신당한 자가 배신한 자에게 복수의 칼날을 갈 때, 세네카는 셰익스피어가 복수에 대해 말하기 훨씬 전에, 폭력에 굴하는 자는 시작도 하기 전에 이미 돌이킬 수 없는 패배를 한 것이라고 강조했다. 폭력은 그 어떤 복수로도 완전히 만족시킬 수 없는 막다른 골목으로 이끌 수밖에 없기 때문이다. 논리는 냉혹하고, 사건의 전개도 마찬가지다. 공격에 대응하고, 악의를 악의로 되갚고, '선방을' 날린 자에게 본때를 보여주고, 바로잡기 위해 맞서려 할 때 희생자는 가해자가 되기 때문이다. 「티에스테스」 서막에서 분노를 의미하는 퓨리아라는 인물은 "종교, 정의, 인간 사이의 신뢰, 이 모든 것이 파멸할 것이다"라고 선언한다.

●

폭력은 그 어떤 복수로도 완전히 만족시킬 수 없는
막다른 골목으로 이끌 수밖에 없기 때문이다.

●

로마 시대의 극작가이자 정치가였던 세네카는 가장 어둡고 깊은 곳에 숨겨진 인간의 본성과 열정을 파헤쳤고, 그 힘이 비극으로 귀결될 수밖에 없다는 것을 알고 있었다. 세네카 자신이 그 같은 파국을 겪었기 때문이다. 세네카는 유심히 들여다보고, 뜯어보고, 살피고, 눈앞에 있는 증오와 공포의 화신인 칼리굴라 황제와 네로 황제의 타락한 영혼 속에서 동요했다. 세네카는 칼리굴라의 자문관으로서 견제의 대상이었고, 네로에게는 스승이자 공식 대필가였다. 황후 메살리나의 음모에 빠져 유죄를 선고받고[8] 서기 65년 4월 12일 69세의 나이에 네로의 명령에 따라 스스로 동맥을 끊고 죽음을 맞는다.[9]

세네카는 부유했고, 왕자들의 친구였으며, 네로의 어머니 아그리피나의 암살에 관여하며 범죄를 접한 인물이기도 하다. 그러나 운명과 삶을 있는 그대로 받아들인 이 위대한 철학자는 우리에게 닥친 어려움을 담대하게 감내하라고 요구한다. 세네카가 범죄와 반역자들을 탁월하게 묘사한 것은 반대로 선善이 어떻게 복수와 분노, 불화를 초월할 수 있는지를 더 잘 보여주고자 함이었다. 단테는 『신곡』의 네 번째 곡에서 소크라테스, 플라톤, 오르페우스, 프톨레마이오스와 함께 세네카를 인용하며 그에게 경의를 표한다.[10]

우리가 저지른 범죄들, 특히 처벌받지 않는 일상의 사소한 범죄들을 비춰주는 거울을 우리에게 내민 잔인한 비극

「티에스테스」는 누구도 귀를 닫을 수 없는 다음의 호소로 끝난다. "우리에게 평화를 줄 수 있는 건 오직 하나, 상호 관용의 협약뿐이다."

반자유주의에 맞선
성벽으로서의 문화

교양인은 교화된 인간이며, 문명인은 인간성 회복
을 위한 노력에 동참하는 인간이다.

그리스 유산에서 영감을 받은 키케로는 1세기 초 역사상 최초
로 '경작'의 의미로 사용되던 단어인 '컬쳐culture'를 '문화'라는
은유적 의미로 사용한다.[11] 우리 시대의 학자 두 명은 문화-문
명이라는 짝을 다음과 같이 통찰력 있게 종합하여 설명한다.
"인간이 스스로를 위해 노력할 때 우리는 그것을 문화라 부르
고, 인간이 세상을 바꿀 때 우리는 그것을 문명이라 부른다."[12]
다시 말해 교양인은 교화된 인간이며, 문명인은 인간성 회복을
위한 노력에 동참하는 인간이다. 문화와 문명 모두 미개와 야

만, 비인간화, 어리석음에 맞서 싸우는 노력이자 계몽 작업이라는 것을 이해해야 한다. 여기서 어리석음이란 틀에 박힌 답을 하는 기술을 일컫는다. 그렇기에 문화란 평생에 걸쳐 끝없이 노력해 본성을 극복하는 것이다. 그런 의미에서 키케로는 문화를 교육과 구분하였다.[13] 문화를 학교 교육을 넘는 영혼의 수양, 내적 삶의 구축, 엄숙함, 심오함과 같은 '쿨투라 아니미cultura animi'로서의 평생교육으로 이해하는 것도 가능하다. 이러한 사상은 교역, 은행 이윤, 자연 파괴와 산업을 초월해 유럽의 이상을 정의했던 인본주의 가치들에 영감을 준 원천이었다. 그렇기 때문에 유럽을 이끄는 지도자들과 고위 공직자들은 대세로 떠오른 반자유주의에 효과적으로 맞서 싸우기 위해서 키케로의 책을 다시 읽어야만 할 것이다.

왜냐하면 반자유주의는 민중의 자유를 박탈하고, 민중을 감시하고, 추적하며, 위협하고, 통제하며, 처벌하고, 국경에 감시탑을 설치하는 것을 원칙으로 삼기 때문이다. 따라서 '반자유 민주주의'에 대해 이야기한다는 것은 '민주 독재'에 대해 말하는 것이며, 이러한 담론들 안에 문화는 부재하며, 끼리끼리를 신봉하고, 공동의 땅 밖으로 타인을 배척하는 폐해만 있을 뿐이다.

제2차 세계대전이 결정적인 전환점을 맞이하던 1942년, 누구보다 많은 교육을 받았으며 교양 있고 세련된 문명인이었던 슈테판 츠바이크는 유서처럼 읽히는 저서 『어제의 세계』 말미에 절망감을 드러내며 다음과 같이 썼다. "1914년 이전에 땅은 모든 주민의 소유였다. 각자 자기가 원하는 곳으로 갔고, 원하는 만큼 그곳에 머물렀다." 그리고 다음과 같이 덧붙인다. 이동할 자유와 인간의 자유를 제한하는 것보다 인류의 거대한 퇴행을 더 생생하게 보여주는 것은 없을 것이다.[14]

정말 잊었나? 제1차 세계대전 이전에 유럽에는 여권이 없었다. 허용과 허가, 디지털 지문 인식, 백신 접종서는 필요하지 않았다. 슈테판 츠바이크는 이렇게 회고한다. "사람들은 열차에 올랐고, 아무 질문도 받지 않고 열차에서 내렸다. 당신에게 아무것도 묻지 않았기에, 오늘날 요구하는 수백 장의 문서 중 그 어떤 것도 채울 필요가 없었다."[15]

> **"**
>
> 인간이 스스로를 위해 노력할 때
> 우리는 그것을 문화라 부르고,
> 인간이 세상을 바꿀 때
> 우리는 그것을 문명이라 부른다.
>
> 장 라루 & 장 넬리
>
> **"**

브라질에서 망명 중이던 츠바이크는 자살하기 바로 전

날인 1942년 2월 21일 유서와도 같은 이 회고록을 출판사에 보낸다. 작가는 경찰 투입, 헌병 초소의 증가, 철조망으로 변해버린 국경의 모습을 그리고 있다. 에라스뮈스에 심취해 있던 츠바이크는 몰락하는 어제의 세계를 보며, 증오, 혹은 완곡히 표현해 타인에 대한 공포로 정의되는 외국인혐오를 유발하는 영혼의 전염병을 비난했다.

그런데 우리는 "나는 타자다"라고 말했던 랭보를 잊었나? 다시금 상식이 통하려면 우리가 우리 자신을 가르쳐 우리 안에 있는 타자에 대한 두려움을 덜어야 하지 않을까? 이와 관련해 시인 파울 첼란은 다음의 탁월한 통찰을 제시한다. "타자를 말하는 자, 진실을 말한다."

인간은 낭비에 취해 있다.

폴 발레리Paul Valéry

떠나고,
되돌아오고

"여행 잘 다녀오셨어요?" 우리는 서로에게 묻는다. 그런데 한여름 무더위에, 겨울의 우중충한 하늘 아래서 우리는 사실상 무엇을 했나? 정말 여행을 한 걸까?

돌아갈 나라와 집이 있다는 것, 되찾을 가정과 터전 그리고 일이 있다는 것, 다시 만날 친구와 동료, 돌아갈 습관이 있다는 것은 되돌아올 수 있음을 알고 떠난 자, 귀환이 가능함을 알고 세상 속을 질주하러 떠난 자의 특권이다. 그들은 짐가방과 돌아오는 표를 들고 휴가를 떠난다. 그러나 난민과 이민자는 짐가방도 없이 맨몸으로 떠난다. **무엇보다** 절대로 돌아오지 않기 위해 삶 전체를 걸고 떠나는 것이다.

　매년 많은 사람들이 여름 무더위나 겨울 하늘 아래 태평히 떠났다 되돌아온다. 우리는 길을 나서고, **고국을 떠나면서**, 시간대를 건너 나라와 언어도 바꿔가며 이국을 찾고, 처음으로 혹은 드물게 타인의 시선 속에서 외국인이 되는 생경함을 느낀다.

"여행 잘 다녀오셨어요?" 우리는 서로에게 묻는다. 그런데 한여름 무더위에, 겨울의 우중충한 하늘 아래서 우리는 사실상 무엇을 했나? **정말** 여행을 한 걸까?

1958년에 독일의 젊은 철학자 한스 마그누스 엔첸스베르거는 라디오 방송 원고를 바탕으로 〈관광 이론〉이란 제목의 에세이를 발표했다.[1] 이 책에서 작가는 게르하르트 네벨의 선언을 인용한다. "여행에 문을 연 나라는 관념적 문을 닫는다. 그 나라는 풍경을 선사하며 마법의 힘을 잃는다."[2] 여행서는 풍경에 별표를 매겨 순위를 정한다. 별 세 개를 받은 곳은 꼭 방문해야 하고, 가능하면 '셀카'도 남겨야 한다. 여행하는 인간 즉 '호모 투리스티쿠스Homo touristicus'는 사물이나 장소, 도시의 가치를 평가한다. 장소를 소비하고 자기 것으로 만들어 호주머니에 넣음으로써 '장소의 정수'를 포착했다고 여긴다.

잭 런던, 조지프 콘래드, 엘라 마야르[3]는 여행자였다. 관광객이 아니었으며 휴가객은 더더욱 아니었다. 떠났다가 되돌아온 이들을 남다르게 만든 것은 공간과 시간에 대한 유연성, 타자와 다른 곳에 대한 열린 마음이다. 휴가객은 '바캉스'를 보내며, 시간도 장소도 존재도 비어 있는 것으로 파악한다.[4] 휴가객은 여행과 타인들, 풍경과 모험이 결여된 사람이다. 관광객의 경우에는 그저 배경과 기후만 바꾸고, 어디를 가든 집에서 하던 습관과 틀을 그대로 유지한다. 반면 여행자는 새로운 것을 발견하기 위해서 호기심 가득한 눈으로 배회하는 기술을 구사하며, 풍경 **속에** 스며들고 **일원이 되어** 사람들과 어울린다. 여행자는 자신을 완전히 다른 것에 내던지는 경험을 일용한 양식으로 삼는다. 이상하게 들릴지 몰라도, 여행자는 낯선 느낌에 **산다.**[5]

　　우리는 모험을 찾아 나서는 여행 귀족이 되기를 꿈꾸는 걸까. 그러나 자기 모습대로 사는 데 피로를 느끼는 시대에 우리 대부분은 경박한 관광객이나 휴가객 즉 이동하지만 정신은 고정된 존재가 되기 쉽다. 한여름 무더위에, 겨울의 우중충한 하늘 아래 우리는 분명히 떠났다 되돌아왔다. 그런데 우리는 무엇을 배운 걸까?

●

잭 런던, 조지프 콘래드, 엘라 마야르는 여행자였다.
관광객이 아니었으며 휴가객은 더더욱 아니었다.
떠났다가 되돌아온 이들을 남다르게 만든 것은 공간과
시간에 대한 유연성, 타자와 다른 곳에 대한 열린 마음이다.

●

극심한
피로

"우리 문명은 제대로 쉬지 못해 새로운 야만 상태로 치닫고 있다."

프리드리히 니체 Friedrich Wilhelm Nietzsche

뭔가를 조금만 '더' 한다는 생각만으로도 진저리가 나고, 견딜 수 없을 정도로 피곤함을 느껴보지 않은 사람이 있을까?

의사들은 이러한 주관적 인식에 '**번아웃**burn out'이라는 이름을 붙였고, 보험회사는 이를 직장 내 정신질환에 포함시켰다. **번아웃**은 우울함과는 완전히 다른 현대적 질환으로, 정신이 고갈되었고 피폐해졌으며 내면에서 파괴적인 폭발이 일어났음을 의미한다. 일본에서는 이를 부서진 심장이란 뜻의 '다코쓰보'라 부르는데, 병든 게 심장이기 때문이다.[6] 이 끔찍한 재앙이 최악으로 치달을 때 일더미에 묻혀 목숨을 잃는 과로사가 일어난다. 일본에서는 사도 미와의 비극적인 사례처럼 과로로 인해 많은 사람이 죽는다. 도쿄에서 정치 현안을 취재하던 만 31살의 이 여성 기자는 한 달 동안 159시간의 초과 근무를 한 끝에 숨진 채 발견되었다.

이처럼 **번아웃**은 속도에 취해 바쁘게 몰아치고 짓누르고 급변하는 현대 사회의 질병이다. 깨어 있는 영혼들은 다가오는 폭풍우를 보았다. 1926년 폴 발레리는 휴대폰도, 전자레인지도, 패스트푸드도, 태블릿 PC도, 고속열차도, 헤네시 베놈 GT [7]도 등장하기 전에 『지성에 대한 발언』을 통해 경종을 울리고 있다. "인간은 낭비에 취해 있다. 속도의 남용, 빛의 남용, 자극제와 마약, 흥분제의 남용, 감상의 남용, 반향의 남용 (…) 이러한 분리와 작동의 경이로운 장치들을 남용함으로써 그 거대한 효과가 아이의 손끝에 놓이게 되었다. 현재의 모든 삶은 이러한 남용들과 분리될 수 없다"라고 폴 발레리는 개탄한다. '아이의 손끝에 놓인 장치'라는 표현을 읽으면서 누구도 떼어놓을 엄두를 내지 못하는 휴대폰 액정화면을 떠올리지 않을 수 없다.

그런데 현대의 **번아웃**에 대해 우리가 무슨 말을 할 수 있을까? 철학자 파스칼 샤보는 자신의 책에서 이에 대한 명쾌한 설명을 제시한다.[8] 우선 **번아웃** 신드롬을 말 그대로 '태워버리는 병'으로 묘사한다. **번아웃**은 태우는 불이며, 안에서 시작되어 영혼의 한가운데에서 근로자를 피폐하게 만드는 불이다. 번아웃은 불이 나서 '아웃'될 때까지, 즉 어떤 힘도 남아 있지 않을 때까지 모든 것을 태우고 파괴하고 재로 만들어버린다. 죽음은 아니지만 완전히 소진되어 소멸하는 것이다.

이러한 소진은 어디에서 비롯될까? 파스칼 샤보는 그것이 성과 만능주의에 따른 것이라고 설명한다. '더 빨리, 더 높이, 더 힘차게'란 뜻의 올림픽 표어에 따라 나타난 과잉 징후이다. 매일 자신의 한계를 뛰어넘어라! 물론 그래야겠지. 하지만 이윤의 과잉, 소비의 과잉, 약품의 과잉, 커피의 과잉 등과 같은 과잉 지상주의에 따르거나 혹은 죽거나, 둘 중 하나를 강요하는 문화가 현대 사회를 병들게 한다. **번아웃**은 '느린 자에겐 불행뿐이다!'[9]라고 선언하는 것 같다. 의미와 질을 신경 쓰는 이에게는 불행만이 남게 된다는 말이다. 성과주의는 질적인 면에 조금도 신경 쓰지 않기 때문이다. 성과주의는 우리에게 전진하라고 재촉한다. 더 빨리, 언제나 더 빨리 가라고.

심리학자 헤르베르트 프로이덴베르거는 **번아웃**이라는 용어를 만들고 대중화시킨 장본인이다. 1970년대 (폴 발레리의 말을 다시 빌리자면) 약물을 '남용하는' 심각한 마약중독자들을 돌보던 프로이덴베르거는 약물 '과잉' 즉 과다 복용이 뇌를 소진해 태워버린다는 점을 관찰했다. 그러던 어느 날, 의사는 잠자리에서 일어날 수 없는 상태가 되었고, 마약중독자에게 한정해 사용하던 '번아웃'이란 개념을 자기 자신에게 적용하였다.

●

'느린 자에겐 불행뿐이다!'
의미와 질을 신경 쓰는 이에게는
불행만이 남게 된다는 말이다.
성과주의는 질적인 면에 조금도 신경 쓰지 않기 때문이다.
성과주의는 우리에게 전진하라고 재촉한다.
더 빨리, 언제나 더 빨리 가라고.

●

파스칼 샤보는 **번아웃**의 기원을 다음 두 가지에서 찾았다. 그중 하나는 1960년 그레이엄 그린이 쓴 소설 『타버린 인간』으로, 프랑스어판은 『우기雨期』라는 제목으로 출간되었다.[10] 이 소설은 과도한 업무에 지친 한 건축가가 아프리카의 한센병 병원으로 떠나는 이야기이다. 주인공과 한센병 환자는 공통점을 지니는데, 바로 그들의 질병이 몸속에 있는 모든 것을 파괴하고 피폐하게 만들고 태워버린 뒤에야 끝난다는 것이다. 파스칼 샤보는 **번아웃**의 또 다른 기원을 가톨릭 신학에서 '무기력'한 상태를 일컫기 위해 사용하는 그리스어 '아케디아'[11]에서 찾았다. 아케디아는 가장 신실한 종교인마저도 신앙을 버리게 만들 수 있는 권태감이다. **번아웃**이 과열된 정신이 겪는 고통인 반면, 아케디아는 과도한 무관심의 표현이다. 하지만 고통은 같다. 둘 다 영적인 피로와 심각한 의미 상실에 관한 것이기 때문이다.

파스칼 샤보와 마찬가지로 철학자인 한병철은 한국에서 금속공학을 전공했고 현재는 독일 철학계를 이끌고 있다. 한병철은 저서 『피로사회』에서 우리 사회가 규율 사회에서 성과 사회로 변모하였고, 그로 인해 그가 '영혼의 경색'이라 이름 붙인, 다시 말해 '다코쓰보'나 '과로사'라 불리는 대가를 치르고 있다고 지적한다. 이처럼 진보라는 질병이 노동하는 인간 즉 '호모 라보란스Homo laborans'를 덮친 데 대해 한병철은 니체의 말을 빌려 강조한다. "우리 문명은 제대로 쉬지 못해 새로운 야만 상태로 치닫고 있다."[12]고 강조한다.

늦어서
고마워

아무리 고귀한 왕이라도 시간을 엄수해야 한다고
우리는 말하곤 한다.

인간은 시간을 설계했고, 원자시계를 발명해 1000분의 1초 수준까지 '정시성'을 확보하면서 돌이킬 수 없는 야생의 흐름을 길들였다. 그런데 기다림이, 아주 오랜 기다림이든 약속 시간이 몇 분 어긋나 생긴 짧은 기다림이든, 불현듯 시간의 틈을 만들어 무언가를 창조할 가능성을 열어준다면 어떨까?

풀리처상을 세 번이나 수상한 〈뉴욕타임스〉의 유명 편집자 토머스 프리드먼은 『늦어서 고마워』라는 제목의 '가속의 시대에 적응하기 위한 낙관주의자의 안내서'를 출간했다.[13] 작가는 자신이 만난 사람들이 약속에 늦을 때 하나같이 사과한다는 것을 깨닫고 늦어서 고맙다고 말하게 되었다. 프리드먼은 상대가 늦는 데 불평하기보다는, 늦어진 약속이 선사한 휴식을 최고의 호사로 여기며 수만 가지를 생각하고 성찰했다. 기자로서 바쁜 나날을 보내던 그는 처음으로 지각이 유익할 수 있으며, 창의성을 키우는 매개체가 될 수 있다는 생각을 한 것이다.

1968년 어느 날, 필립 프티는 한 치과 대기실에서 자기 차례가 오기를 오랫동안 기다리고 있었다. 치과의사가 아직 도착하지 않았기 때문이었다. 열여덟 살이던 필립 프티는 기다리면서 자신의 운명을 바꿀 잡지를 뒤적인다. 2년 전 시작된 뉴욕의 쌍둥이 빌딩 건설 소식을 접한 것이다. 그때부터 그는 6년 동안 하루도 쉬지 않고 스스로 '세기의 예술범죄'라 명명한 계획에 몰두했다. 1971년 파리에서 노트르담 성당의 두 탑 사이에서 줄타기 곡예를 선보였고, 1973년에는 오스트레일리아 시드니 하버 브리지의 두 철탑 사이를 이은 케이블 위를 걸었다. 그리고 드디어 세기의 예술범죄를 저지를 순간이 도래했다. 갓 완공된 세계무역센터의 쌍둥이 빌딩 사이 거리는 61미터였고, 높이는 지상에서 417미터에 달했다. 1974년 8월 7일 아침 일곱 시가 조금 넘은 시각, 필립 프티는 횡단을 시작한다. 허공에 매달린 케이블 위에서 걷고 춤추고, 스스로 달성하는 위업을 만끽하면서 45분을 보냈다. 이 대담하고도 위험천만한 전대미

문의 아이디어는 지각한 치과의사를 기다리던 대기실에서 탄생한 것이다. 기다림의 시간이 없었더라면, 시간의 틈이 **제때** 생기지 않았더라면, 그러한 업적은 빛을 보지 못했을 것이다. 치과의사가 늦은 이유가 무엇이었든 그 덕분에 시간 속에 가능성이 열린 것이다.

●

우리는 누구나 유한한 시간 속에서
삶을 아슬아슬하게 지탱하는 연약한 줄 위를 걸으며 산다.

●

싱어송라이터 조니 캐시는 ⟨I Walk the Line⟩이라는 노래를 불렀다. '난 그 길을 걸어요'라는 제목은 시간의 너울과 바람, 악천후와 소란 속에서도 흔들리지 않고 목표를 향해 굳건히 나아가는 것을 의미한다. 필립 프티처럼 우리는 누구나 유한한 시간 속에서 삶을 아슬아슬하게 지탱하는 연약한 줄 위를 걸으며 산다.

그 길을 걷는 우리가 규범을 바꾼다면 어떨까? 예컨대 성찰할 시간을 가지려고 일부러 지각한다면? 그런 지각 덕분에 쾌거를 달성하게 될지 누가 아는가? 그렇게 된다면 우리는 시간의 제방에 틈을 내준 것에 고마워하며 행복하게 인사하게 될지도 무른다. "늦어서 고마워."

몽테뉴의
아이들

"그가 찾아낸 것은 자기 자신을 위해서였다. 그가
발견한 것은 모든 이에게 가치가 있다."
슈테판 츠바이크

프랑스 남서부 페리고르 지방의 샤토château에서 태어났고, 그
이름이 세계 최고의 와인을 연상시키기 때문일까? 미셸 에켐
드 몽테뉴라는 이름은 먹는 기쁨과 미각적 즐거움을 환기시킨
다. 하지만 고전문학에 빠져있던 귀족 몽테뉴는 스스로 고백한
것처럼 '알맞게 살아가는' 인간의 표본이었다. 철학을 실존적
모태에 뿌리를 둔 탐구 양식으로 본 몽테뉴는 『수상록』에서
"내가 묘사하는 것은 바로 나 자신이다… 내 책의 소재는 바로
나 자신이다"라고 선언한다. 이후 슈테판 츠바이크는 몽테뉴

에 관한 저서에 이렇게 썼다. "그가 찾아낸 것은 자기 자신을 위해서였다. 그가 발견한 것은 모든 이에게 가치가 있다." 몽테뉴가 우리 한 사람 한 사람과 관련된 질문을 던지기에 우리는 몽테뉴와 동시대인이 되고, 몽테뉴는 우리 시대 사람이 된다는 말이다. 왜냐하면 우리는 지상에서 자신이 무엇을 하는지, 어떻게 하루하루 더 잘 살 수 있는지 알고 싶어하기 때문이다.

삼십 대 후반에 들어선 몽테뉴는 세속적인 관심사들을 멀리하고, 자신의 '서재'에 칩거해 그가 사랑해 마지않던 고대 작가들에 둘러싸여 인간의 조건에 대해 사색한다. 종교전쟁이 한창이던 시기, 몽테뉴의 고요하고 심오하며 무척이나 내적이었던 삶을 뒤흔든 감정적인 재앙은 한 번뿐이었다. 바로 '의형제'를 맺은 유일한 친한 친구 에티엔 드 라 보에티의 때이른 죽음이다. 몽테뉴는 오랫동안 홀로 비탄에 빠져 있었다. 몽테뉴는 다음의 유명한 말로 에티엔과의 변치 않는 우정을 설명한다. "그가 그였기 때문에, 내가 나였기 때문이다."

'어떻게 살아갈까?' 몽테뉴는 묻는다. 이별과 사별, 고통과 죽음이 우리를 호시탐탐 노리고 있는데 어떻게 잘 살아갈 수 있단 말인가? 견딜 수 없는 것을 견뎌내고 극복할 수 없는 것을 극복하기 위해서 어떤 지혜가 필요할까? 이처럼 어려운 질문들에 답을 찾고 있다면 몽테뉴의 책이 시간을 절약해줄 것이다. "왜 죽음을 걱정하며 삶을 어지럽히고, 삶을 걱정하며 죽음을 어지럽힐까? 한결같이 평안하게 사는 법을 안다면 평안하게 죽는 법도 알 텐데." 몽테뉴의 답은 간단하다.[14] 결국 몽테뉴가 우리에게 관심을 가지라고 권하는 유일한 대상은 삶이고, 그 삶을 잘 사는 것이다. 세 권으로 이루어진 『수상록』은 죽음에 대한 사색에서 출발해 결코 계획한 대로 되지 않고, 변덕스럽고 모순적인 여정으로 이해되는 삶에 대한 방대한 성찰에 이른다. 몽테뉴는 생각과 말 그리고 글이 강요하는 자아와 거리를 둠으로써 체험된 '나'라는 역설을 받아들인다. 어떻게 지혜로워질 수 있을까? 소심한 눈속임과 인간 경험의 실패들을 통해 끊임없이 부인되지 않는 우월한 이상을 어떻게 표방할 수 있을까? 처음에 몽테뉴는 세네카와 카토의 스토아철학에서 답을 찾았다. 하지만 스토아철학이 그가 기꺼이 동일시한 보통의 인간에게는 이해하기가 어렵다고 판단하고 재빨리 그만둔다. 다음으로 몽테뉴가 찾아낸 것은 플루타르코스의 회의주의였다. 회의주의는 몽테뉴로 하여금 인간 이성의 오만함에 대해 숙고하게 만들었다. 몽테뉴의 회의주의는 대부분 "나는 무엇을 아는가?"라는 질문으로 요약된다. 이 질문은 사실 현실을 부정하기보다는 독단적인 이성을 반박하는 분별력을 키우는 것이다. 이때 독단적 이성이란 세상과 세상의 절대적인 신비에 대해 절대적인 확신을 준다고 우기는 이성, 과학, 기술, 알고리즘의 '지나친 자만'을 의미한다. 그렇기에 우리는 『수상록』을 다시 읽어야 한다. 삶의 여정처럼 굽이치는 내적이고도 심오한 여정을 직접 경험하기 위해서다. 왜냐하면 레비스트로스가 몽테뉴에게 경의를 표했듯 『수상록』은 인류학자의 책이기도 하기 때문이다. 『수상록』에는 인류학에서 다루는 사회, 관습, 정치, 종교, 심리 분야의 모든 관심사가 담겨있다. 이 모든 분야는 시험에 관한 것이다. 몽테뉴는 논증적 방식으로 자신의 생각들을 그가 끊임없이 재고하는 다양한 견해들과 가능한 여러 관점들과 대조하면서 '시험'하고 시련을 준다.[15] "나는 무엇을 아는가?" 몽테뉴는 묻는다. "나는 스스로 무지함을 아는 존재이다" 몽테뉴는 답한다. 가수 자크 브렐도 그와 비슷한 말을 했었다. 자크 브렐은 어리석음을 그만의 방식으로 "세상의 나쁜 요정"에 비유하면서, 어리석음은 심장과 뇌에 끼는 지방과 같고, 질문하지 않고 살아도 충분하다고 믿게 만드는 게으름과 같다고 말하였다.

우리는 왜
박수를 칠까?

자연의 광경 앞에서, 삶이라는 연극 앞에서, 어린
아이처럼 기꺼운 마음으로 아낌없이 박수를 치면
어떨까.

긴장감이 근본조건이자 필요조건처럼 따라오는 활동들이 있
다. 외과의사는 메스를 대기 전에, 배우는 무대 막이 오르기 전
에, 가수는 첫 음을 내기 전에, 학생은 시험을 보기 전에, 파일
럿은 정식 비행에 나서기 전에, 엄마는 아이를 낳기 전에, 아빠
는 엄마가 아이를 낳기 전에, 사랑에 빠진 이는 첫 키스를 하기
전에 예외없이 긴장감을 느낀다. 긴장감은 이 모든 행위와 때
려야 뗄 수 없는 관계에 있다. 면도날처럼 날카롭고 서늘한 분
위기를 풍기는 긴장감[16]이란 단어는 의구심이 낳은 두려움이

나 실패의 가능성 앞에서 느끼는 공포나 불안을 나타낸다.

자신을 소개하거나 드러낼 때, 결과가 즉각적으로 나올 것이며 실수는 용납되지 않음을 알 때, 잘하고 싶고 재능을 인정받고 싶은 마음이 들 때 우리는 어김없이 긴장한다. 하지만 긴장에는 보상도 따른다. 외과의사에게는 환자의 회복이, 학생에게는 합격이, 사랑에 빠진 이에게는 사랑의 시작이, 산모에게는 출산이, 예술가와 파일럿에게는 대중과 승객의 박수가 최고의 보상이다. 긴장에 대한 보상은 인정이기 때문이다.

●

자연은 단순한 배경도,
우리 주변의 환경도, 생태계도 아니다.
자연은 탄생을 지칭하며
인간이 개입하지 않고 일어나는 기적을 의미한다.

●

철학자 알렉상드르 라크루아는 저서 『자연의 아름다움 앞에서』[17]를 열며 직접 목격한 광경을 이야기한다. 에게해가 내려다보이는 산토리니 섬의 **선셋 카페** 테라스에는 매일 저녁 두 시간 동안 인파가 몰린다. 일상의 기적이 일어나는 것을 보기 위해, 태양이 바다에 잠겨 수평선 너머로 사라지기 전 마지막 섬광을 발하며 하늘을 수놓는 모습을 감상하기 위해서다.

무슨 일이 일어났는가? 선홍빛 바다가 금색에서 청보라색, 갈색에서 회색으로 차례차례 물들었다. 그리고 밤이 왔다. 무슨 일이 일어났는가? 말없이 '넋을 잃고 감탄하며' 바라보던 사람들이 남녀노소 할 것 없이 손뼉을 치기 시작했다. 알렉상드르 라크루아의 표현을 빌리자면 관객들은 일몰이라는 자연의 광경에 박수를 보냈다.

박수란 무엇인가? 박수는 고마움의 표시다. 사심 없이 아무 말 없이 고마워하는 방식이다. 그러면 자연이란 무엇인가? 자연nature은 라틴어 'natura'를 옮긴 단어로, '태어나다, 꽃이 피다, 출현하다'라는 의미의 동사 'nascor'에서 나왔다. 그러니까 자연은 단순한 배경도, 우리 주변의 환경도, 생태계도 아니다. 자연은 탄생을 지칭하며, 인간이 개입하지 않고 일어나는 기적을 의미한다. 이를테면 자연에는 절대적인 신비가 살아 숨쉬기에 우리는 태양이 빛을 발하기 전에 잘하고 싶은 마음에 머뭇거리거나 긴장하는지 절대로 알 수 없다.

누구보다 먼저 손뼉을 치는 아이들이 처음 하는 말 가운데 온갖 기발한 의성어들과 함께 감탄사를 꼽을 수 있다. 아이들은 누가 시키지 않아도 감탄할 줄 안다.

자연의 광경 앞에서, 삶이라는 연극 앞에서, 어린아이처럼 기꺼운 마음으로 아낌없이 박수를 치면 어떨까. 어른이 된 뒤 한 번쯤은 하루의 시작과 끝에 뜨고 지는 해나, 바다의 파도

거품 냄새, 짜릿한 만남 뒤의 첫 키스, 형형색색으로 물든 눈부신 가을처럼 우리와 상관없이 일어난 일들에 아무 이유 없이 기뻐하는 것이다.

그러니까 이 모든 것에 그저 박수를 보내며 말이다.

1. (옮긴이) 미래를 읽을 수 있는 책으로, 병사 조셉은 훗날 이 책의 도움으로 부자가 되기도 한다.

2. 유발 하라리Yuval Noah Harari, 『호모 데우스: 미래의 역사*Homo Deus: A Brief History of Tomorrow*』

3. 세실 덩장Cécile Denjean, 〈암흑물질의 미스터리Le mystère de la matière noire〉, 다큐멘터리.

4. 외로움은 흡연에 맞먹는 피해를 일으킬 수 있으며, 우리 뇌에 두려움과 공격성이라는 두 가지 치명적 성질을 야기할 수 있다. 영국 정부가 2017년에 실시한 연구에 따르면, 약 20만 명의 노인들은 한 달 이상 친구 또는 친척과 대화를 나누지 않았으며, 유럽 인구의 6퍼센트는 도움을 청할 사람이나 개인적 문제를 상의할 사람이 없다. 벨기에는 유럽 국가 중에서도 상황이

안 좋은 편이며, 인구의 7, 8퍼센트가 고립된 삶을 살고 있다.

6장-10장　39~58쪽

1. 고대 그리스인들은 비교할 수 없는 아름다움과 질서, 조화가 세상을 지배한다고 생각했으며, 이것을 '코스모스Cosmos'라고 불렀다.
2. 장 프랑수아 빌레터Jean-Francois Billeter, 『또 다른 오렐리아*Une autre Aurélia*』
3. 위의 책.
4. 안느 뒤푸르망텔Anne Dufourmantelle, 『위험 예찬*Éloge du risque*』
5. 「파트모스Patmos」, 1807. "위험이 있는 곳에 언제나 구원도 자란다Wo aber Gefahr ist, wächst/ Das Rettende auch", 프리드리히 횔덜린Friedrich Hölderlin, 『횔덜린 전집*Gesammelte Werke*』
6. (옮긴이) 장 피에르 베르낭Jean-Pierre Vernant, 『우주, 신, 인간: 기원에 대한 그리스 이야기*L'Univers, les Dieux, les Hommes : récits grecs des origines*』, 국내에는 『베르낭의 그리스 신화』로 번역 출간 되었다.
7. 위의 책.
8. 콘스탄틴 카바피Constantin Cavafy, 『시*Poèmes*』
9. 뱅시안 데스프레Vinciane Despret, 『죽은 자의 행복. 남은 자들 의 이야기*Au bonheur des morts. Récits de ceux qui restent*』

11장-15장　61~82쪽

1. 앙리 미쇼Henri Michaux는 다음과 같이 말한 뒤 명상을 이어 갔다. "거미의 가르침은 파리를 위한 것이 아니다.", 『지식의 단

면들*Tranches de savoir*』

2. 법이론의 형이상학적 기초원리Grundlegung zur Metaphysik der Sitten, 이마누엘 칸트Immanuel Kant,『책이란 무엇인가?*Qu'est-ce qu'un livre?*』

3. 매리언 울프Maryanne Wolf,「훑어 읽기, 뉴노멀이 되다. 사회에 미치는 심각한 영향Skim reading is the new normal. The effect on society is profound」,〈가디언*The Guardian*〉

4. 장 뤽 멜랑숑Jean-Luc Mélenchon은 시민사회를 대표하는 전진하는 공화국당La République en marche의 초선 국회의원 세드릭 빌라니에게 이렇게 말했다. "나는 그 수학쟁이를 보았다. 그에게 고용 계약이란 무엇인지 알려주면 그는 놀라 자빠질 것이다."https://twitter.com/VillaniCedric/stat-us/877108203238150144

5. (옮긴이) 세드릭 빌라니가 날린 트윗의 내용은 이렇다. "숫자 연구회의 수장으로서 고용 계약서는 이미 봤지만… 개인교습을 받는 건 언제나 즐거우니까!"

6. 스벤 오르톨리Sven Ortoli, "세드릭 빌라니: 아름다워 보인다면, 올바른 길로 가고 있을 확률이 높다",『철학 잡지*Philosophie magazine*』, 2016년 6월.

7. (옮긴이) 대수학을 초월하여 존재하는 수.

8.『AFP』, 2018년 1월 10일.

9. 스벤 오르톨리, 위의 기사.

10. 영국에서는 사람과 활동, 관심사를 'U'와 'U 아님'으로 흔히 분류했다. 이때 'U'는 상류층Upper Class을 의미했고, 'U 아님'은 상류층이 아님Non Upper Class을 의미했다.

11. (옮긴이) 독일의 시인이자 소설가.

12. (옮긴이) 프랑스 작가 조리스-카를 위스망스의 소설『거꾸로』에 등장하는 주인공.

13. (옮긴이) 프루스트의『잃어버린 시간을 찾아서』에 등장하는 인물.

14. (옮긴이) 프루스트의 『잃어버린 시간을 찾아서』에 등장하는 인물.

15. 클레어 레벤슨Claire Levenson, 「사직서에 비밀 메시지를 새긴 백악관 관료들Des officiels de la Maison-Blanche glissent des messages secrets dans leurs lettres de démission」, 『슬레이트 *Slate*』, 2017년 8월 24일. http://www.slate.fr/story/150264/messages-secretsre-sistance-trump-acrostiche

16. (옮긴이) 하드코어 포르노잡지 『허슬러』의 창간자.

17. 놈 촘스키Noam Chomsky, 『아메리칸 드림의 진혼곡 - 부와 권력의 집중에 대한 10가지 원칙*Requiem for the American Dream: 10 Principles of Concentration of Wealth & Power*』, 국내에는 『불평등의 이유』로 번역 출간되었다.

18. 클레어 레벤슨, 위의 기사.

16장-20장   85~104쪽

1. (옮긴이) 프랑스에서는 대화 중 갑자기 정적이 흐르는 순간을 '천사가 지나간 순간'이라고 부른다.

2. 일반 상대성이론에서 내부에서 일어난 사건이 그 외부에 영향을 줄 수 없게 되는 경계면. 블랙홀이 대표적이다. 사건의 지평선에 도착하면 사실상 시간은 멈춘다.

3. 사이보그는 키메라에서 파생된 존재다. 일간지 〈데일리메일 *The Daily Mail*〉은 2008년부터 2011년까지 영국의 한 실험실에서 인간과 동물의 유전자 하이브리드, 세포질잡종, 단일 세포핵 하이브리드를 혼합한 155개의 배아와 키메라가 만들어졌다는 사실을 밝혀냈다. 현재 인간 세포가 혼합된 뇌를 가진 쥐가 여러 마리 존재하며, 그들에 대한 실험이 진행 중이다. 2010년에 들쥐의 췌장이 달린 생쥐를 만들어낸 히로미츠 나카우치에

따르면, 5년 안에 인간의 췌장이 달린 최초의 돼지가 등장할 수 있다. 2017년 1월 27일호 『과학과 미래Science et Avenir』에 따르면, 캘리포니아의 라호야에 있는 소크 연구소에서 돼지와 인간이 섞인 배아를 만드는 데 성공하였다.

4. 건축가 비올레르뒤크Viollet-le-Duc의 지휘하에 15명의 조각가들이 조각한, 파리 노트르담 대성당의 54개 키메라도 빼놓을 수 없다.

5. 백금 또는 백금족PGM의 금속 계열에 속하는 화학 성분.

6. 카나리아 제도와 란사로테 섬에서는 오늘날에도 이러한 화산 현상을 관찰할 수 있다.

7. (옮긴이) 인간의 뇌에서 가장 안쪽에 있는 뇌간에 해당한다. 생존의 뇌로 불리며, 본능적 활동을 담당한다.

8. (옮긴이) 말라카 해협을 지나던 오우랑 메단 호에서 미스터리한 해상 사고가 일어난 사건.

9. (옮긴이) 모두 난민 구조선의 이름.

10. (옮긴이) 아프리카에서 유럽으로 향하는, 난민들이 탄 보트를 의미한다.

11. (옮긴이) I REALLY DON'T CARE, DO U(난 정말 상관 안 해, 넌 어때?)

12. 「미국: 경찰에 의해 살해된 흑인 가족에게 4달러를 지급할 것을 선고한 배심원. 2018년 6월 1일」, 〈르몽드Le Monde〉, https://www.lemonde.fr/ameriques/article/ 2018/06/01/etats-unis-un-jury-accorde-4-dollars-a-la-famille-d-un-noir-tuepar-la-police_5308372_3222.html

13. 조지 버나드 쇼George Bernard Shaw.

1. 노쉰 이크발Nosheen Iqbal, https://www.theguardian.com/fashion/2018/oct/21/women-go-wild-for-leopard-skin-toshow-they-are-not-prey

2. 조 웰든Jo Weldon, 『맹렬함, 표범 무늬의역사Fierce, The History of Leopard Print』

3. 〈앙포 아벡 브뤼Info avec Brut〉, 『RTBF』, 2018년 2월 6일.

4. (옮긴이) 중세 후기 프랑스 시인.

5. (옮긴이) 르네상스 시대를 연 이탈리아 시인이자 정치가.

6. 말카 구저Malka Gouzer, 「시가 성희롱으로 유죄를 선고받았다면?Une poésie peut-elle être coupable de harcèlement sexuel?」, 〈르탕Le Temps〉

7. (옮긴이) 표도르 도스토옙스키의 소설 『죄와 벌』의 주인공.

8. 켈로그J. H. Kellogg, 『남녀노소를 위한 명백한 사실들Plain Facts for Old and Young』

9. 필립 로스Philip Milton Roth는 1933년 3월 19일에 뉴저지 주 뉴어크에서 태어났으며 2018년 5월 22일 뉴욕에서 사망했다.

10. (옮긴이) 고대 그리스 철학자이자 최초의 소피스트.

11. (옮긴이) 고대 그리스 철학자이자 대표적인 소피스트.

12. (옮긴이) 고대 그리스 예언자이자 철학자, 시인.

13. (옮긴이) 고대 그리스 시대에 거짓말을 잘하고 게으른 것으로 알려진 민족.

14. 루드비히 비트겐슈타인Ludwig Wittgenstein, 폴 엥겔만Paul Engelmann, 『편지, 만남, 추억Lettres, rencontres, souvenirs』

1. 사실 뷔리당의 글 어디에서도 이 이야기가 언급된 부분을 찾을 수 없다. 이에 대해 뷔리당이 구전으로 전한 가르침을 제자들이 여러 세대에 걸쳐 전수했다는 가설과, 자유의 문제에 대한 뷔리당의 개념에 반대하는 이들이 비꼴 목적으로 이 이야기를 만들었다는 또 다른 가설이 존재한다.

2. (옮긴이) 당시 프로이트는 유혹 이론을 폐기하고, 은폐 기억과 오이디푸스 콤플렉스를 처음으로 언급한다.

3. 알란 리하르츠Allan Richarz, 「일본 철도역의 놀라운 심리학 The Amazing Psychology of Japanese Train Stations」, 〈시티랩〉, 2018년 5월 22일자.

4. 캐스 선스타인Cass Sunstein, 리처드 탈러Richard Thaler, 『넛지: 건강, 부, 행복에 대한 보다 나은 결정Nudge: Improving Decisions About Health, Wealth, and Happiness』, 국내에는 『넛지: 복잡한 세상에서 똑똑한 선택을 이끄는 힘』으로 번역 출간되었다.

5. 역마다 고유한 멜로디가 있다. 예를 들어 에비스 역은 〈제3의 사나이〉 주제곡을 리메이크해 사용한다. 철도 노동자와 열차 운전자를 위한 지차환호(指差喚呼, 안전 확인을 하지 않고 지나가는 것을 방지하기 위해 손짓을 하고 복창하는 것)는 넛지 이론을 통해 개발된 장치로, 근로자가 대상을 손가락으로 가리키고, 수행하려는 임무를 말로 표현하게 한다. 근로자가 업무를 수행할 때 고도의 주의력을 발휘하도록 해 연발착과 사고를 예방한다. https://www.vivrelejapon.com/a-savoir/comprendre-le-japon/les-musiques-de-gare-japonaises.

6. (옮긴이) 만물의 최소 단위가 점 입자가 아닌 '진동하는 끈'이라는 물리 이론.

7. 캐털 모로의 진실 실험은 "거짓말하지 않고 한 해 보내기A Year without lying. The Complete Kant"라는 제목으로 블로그에 소개되

었다가, 나중에 언어유희를 활용한 "예스 위 칸트Yes we Kant"로
바뀌었다. 2008년은 "Yes, we can"이라는 연설로 유명한 버락
오바마가 미국 대선에서 승리한 해였기 때문이다. 캐틸 모로는
글을 쓸 시간을 확보하고 실험을 위한 환경을 조성하기 위해
직장을 그만두고, 투자자들에게 수익의 절반을 돌려주겠다는
조건으로 온라인 클럽 '작은 세계a small world'를 통해 기금을 마
련했다.

8. "절대 안 된다. 환자에게 고통을, 절망에 고문을 더하는 것이
기 때문이다"라고 철학자 블라디미르 장켈레비치는 반박한다.

9. 이마누엘 칸트, 『판단력 비판』

10. (옮긴이) sublimis는 '~을 향해'라는 의미의 'sub'와 '경계/문
지방'을 의미하는 'limis'가 합쳐진 단어로, '경계나 문지방을 넘
어서려는 상태'를 뜻한다

11. "Wahres Genie ohne Herz ist Unding - denn nicht hoher
Verstand, nicht Imagination, nicht Beide zusammen machen
Genie - Liebe! Liebe! Liebe! ist die Seele ges Genies." 루트비
히 놀, 『W. A. 모차르트. 음악의 미학에 대한 공헌*W.A. Mozart.
Ein Beitrag zur Ästhetik des Tonkunst*』52~57페이지에서 인용. 하지
만 수없이 인용되는 이 말을 정말로 모차르트가 했는지는 확인
되지 않았다. 앙리 드 퀴르종이 번역하고, 서문과 주석을 덧붙
인 『W. A. 모차르트의 편지들*Mozarts Briefe*』 프랑스어판에서도
찾을 수 없다. 모차르트의 말로 인용되는 해당 문장은 사실, 작
곡가이며 성악가였던 모차르트의 친구 고트프리트 폰 야킨이
1787년 4월 11일 모차르트의 시 수첩에 적은 문장으로 보인다.
『모차르트가 남긴 문서들*Die Dokumente Seines Lebens*』을 참조.

1. 페터 볼레벤Peter Wohlleben, 『나무의 비밀스러운 사생활*Das geheime Leben der Bäume*』, 국내에는 『나무수업』으로 번역 출간되었다.

2. 신들의 전쟁 이야기에서 아테나와 포세이돈은 아티카의 수호신 자리를 놓고 경쟁하며 아테네 초대 왕 케크롭스를 심판으로 선택한다. 포세이돈이 자신의 힘을 보여주려고 삼지창으로 아크로폴리스를 쳐서 소금물이 솟게 만들었다. 영악한 포세이돈은 케크롭스에게 모든 전쟁에서 승리를 거두게 해줄 멋진 검은색 종마까지 선물했다. 아테나는 도시에 올리브나무를 싹틔웠다. 케크롭스는 아테나가 선물한 나무가 사람들에게 더 유용하다고 판단해 아테나를 선택하였다. 이 도시는 아테나에게 봉헌되어 '아테네'라 명명되었다.

3. 플라톤의 올리브나무는 1975년 버스와 충돌한 후로 아테네 농업대학에 보존되어 있다. 2013년 1월 그리스 언론에서는 경제적 어려움을 겪은 사람들이 난방을 하려고 플라톤의 올리브나무를 벴다고 떠들썩하게 보도했다. 상징적인 존재가 파괴된 것에 많은 이들이 분노했다. 이 사건에 대해 언론은 다양한 보도를 했고, 손상된 나무에서 새순이 돋아나 새로운 올리브나무가 자라기 시작했다고 설명했다. 그리스 고대문화국의 공식 성명은 약간 다르다. 버스 충돌 사고가 일어난 뒤 원래 올리브나무가 있던 자리에 세 그루의 나무를 심었고, 그중 두 그루는 건강했지만 한 그루는 고사하고 말았다. 이 고사한 올리브나무가 힘든 시기에 일부 사람들의 제물이 되었다는 것이다. 즉, 땔감을 구하려 한 아테네 사람들의 도끼질은 아테네의 상징을 건드린 것이 아니었다.

4. 배리 스미스Barry Smith, "왜 섞을까? 혼합의 기술과 지식 탐구하기Why blend? Exploring the art and science of blending", BBC 뉴스, 2019년 4월 22일.

5. (옮긴이) 식민지 본국과 피식민 사회의 관계 안에서 장기간에 걸쳐 서로 영향을 주고받았을 때 두 언어나 혹은 그 이상의 언어가 합쳐 기존의 언어와는 다른 언어가 생겨나는 현상.

6. (옮긴이) 조현병Schizophrenia은 그리스어로 분열을 뜻하는 '스키조skhizo'와 마음을 뜻하는 '프렌phren'이 합쳐진 것이고, 자폐증autism은 자신을 뜻하는 '아우토스autos'에서 유래했다.

7. 대니얼 멘델슨Daniel Mendelsohn, 『오디세이아. 아버지, 아들, 서사시*An Odyssey: A Father, a Son, and an Epic*』, 국내에는 『오디세이 세미나』로 번역 출간되었다.

8. 4의 책.

9. (옮긴이) 구약성서에 등장하는 바다 괴물. '욥기' 41장에 입에서는 불을, 콧구멍에서는 연기를 내뿜는 무시무시한 존재로 묘사되며, 흔히 거대한 권력을 상징한다.

10. 알랭 레Alain Rey, 『50년간 우리 삶을 바꾼 200개의 대단한 단어들*200 drôles de mots qui ont changé nos vies depuis 50 ans*』

11. 조애너 무어헤드Johanna Moorhead, "시는 우리의 가장 어두운 순간들을 어떻게 밝힐 수 있는가How poetry can light up our darker moments", 〈가디언〉, 2018년 9월 30일.

12. 존 던John Donne, 『비상시의 기도문*Devotions upon Emergent Occasions*』

13. (옮긴이) 8을 눕혀 ∞자 모양으로 만든 장식끈.

14. (옮긴이) 이탈리아에서 외국인이 운영하는 가게가 마약을 비롯한 밀매의 온상이라는 이유로 저녁 9시에 문을 닫게 강제한 조치.

15. 미셸 아지에Michel Agier, 『오는 외국인*L'Étranger qui vient*』

16. 쥘리에트 베나방Juliette Bénabent, "미셸 아지에: 환대는 타자에게 당신은 나의 적이 아니라고 말하는 몸짓언어이다Michel Agier: L'hospitalité est ce geste qui dit à l'autre: Tu n'es pas mon ennemi", 〈텔레라마〉, 2018년 10월 8일.

1. 저널리스트인 클레어 폭스는 이 표현을 「나는 그것을 공격적이라고 본다I find that offensive」라는 제목의 에세이에서 명백히 설명한다. 이 글은 그보다 앞서 세속행동센터Centre d'action laïque에서 발간하는 잡지 〈자유의 공간Espace de libertés〉 2018년 9월호에 "눈송이 세대: 정체성의 문제?"라는 제목으로 실렸다.

2. 파스칼 브뤼크네르, 『순진함의 유혹La Tentation de l'innocence』

3. 같은 책.

4. 앙드레 지드André Gide, 『일기 1939-1949—추억들Journal 1939-1949—Souvenirs』

5. 인문사회잡지 〈그랑도시에 시앙스 위멘Les Grands dossiers des sciences humaines〉, 2016년 6-8월(43호).

6. (옮긴이) '커다란 아픈 몸'이라는 뜻으로 본명은 파비앙 마르소이다. 1997년 수영 캠프에서 다이빙 사고를 겪었다. 전신마비에서 깨어난 후 수년간의 재활 끝에 현재는 목발을 짚고 다닌다.

7. 블레즈 파스칼Blaise Pascal, 『팡세Pensées』

1. "1300만 명의 영국인이 노모포비아를 앓다13m Britons have 'no mobile phobia'", 〈메트로 영국Metro UK〉, 2008년 3월 30일자. 한 학술연구는 휴대폰이나 충전기를 분실하거나 와이파이에 연결이 안 될 때 느끼는 불안의 강도가 결혼식이나 치과 진료를 앞두고 느끼는 스트레스에 맞먹는다고 밝혔다. 벤 스펜서는 "휴대폰 사용자는 휴대전화와 6분 이상 떨어져 있지 못하며, 하루에 평균 150회 휴대폰을 확인한다"고 말했고(〈데일리메일Daily

Mail〉, 2013년 2월 11일) 2017년 그 수치는 50퍼센트 가까이 늘어났다. 믿기 어렵겠지만, 우리는 휴대폰이 꺼져 있다는 것을 알면서도 휴대폰을 들여다본다.

2. (옮긴이) 보들레르는 시집 『악의 꽃』에 실린 「묵상Recueillement」이란 시에서 '고통이여, 이제 좀 조용히 순해져라'라고 말한다.

3. 루이 모리스, "직장 내 경어 사용: 누가 나에게 존댓말을 쓰라고 네게 허락하는가?"Tu" au travail: qui t'autorise à me vouvoyer?", 『롭스L'Obs』, 2016년 7월 22일. "사장 없는 행복한 기업에 오신 것을 환영합니다", http://tempsreel.nouvelobs.com/bien-bien/20150415.obs7289/zappos-bienvenu-dans-l-entreprise-du-bonheur-sans-chef.html.

4. (옮긴이) Holacracy. 전체를 의미하는 'holos'에 통치를 뜻하는 'cracy'를 합성한 단어로, 수평적인 조직을 의미한다.

5. 영어에서는 2인칭대명사로 오직 'You'만 사용하지만, 동료를 '팀team'과 '크루crew'로 구별해 지칭한다.

6. 프랑스어판은 『내밀함의 폭정Les Tyrannies de l'intimité』으로 출간되었다.

7. 연극 〈티에스테스Thyestes〉는 2018년 7월 5일, 제72회 아비뇽 연극제 개막작으로 소개되었으며 토마 졸리가 연출을 맡았다.

8. 암살된 칼리굴라 이후 즉위한 황제 클라우디우스 때인 41년, 세네카는 황제의 조카 율리아 리빌라 공주와 간통했다는 혐의로 고발됐다.

9. 세네카는 범죄에 대해 잘 알았다. 이는 그가 범죄자들과 교류했기 때문만은 아니다. 역사가 폴 오베르는 다음과 같이 썼다. "잔학함이 극에 달했던 것은 네로만이 아니다. 사람들은 세네카가 범죄를 글로 쓰면서 범죄를 자백한 것이라는 공공연한 소문으로 그를 비난했다.", 폴 오베르, 『로마문학사Histoire de la littérature romaine』

10. 세네카가 쓴 글의 제목은 이 철학자의 도덕적 관심사를 보

여준다. 『인생의 짧음에 관하여』, 『분노에 관하여』, 『행복한 삶에 관하여』, 『영혼의 평정에 관하여』, 그리고 아주 아름다운 『루실리우스에게 보내는 편지』 등이 그것이다.

11. 기원전 45년 출간된 『투스쿨룸 논총』 2권 13장에서 키케로는 다음과 같은 은유적인 표현을 한다. "들에 경작하는 모든 것이 결실을 거두는 것은 아니다…." 키케로는 가꾸지 않고 본능적 충동을 따르는 영혼은 성장할 수 없다고 주장한다. 불모의 땅에 뿌려진 씨앗과 마찬가지이다. 들이 농부의 경작지라면 교육은 인간의 경작지다. 키케로는 "철학은 영혼의 경작이다 Cultura animi philosophia est"라는 유명한 말을 남겼다. 웅변가였던 키케로가 아름답게 표현한 대로 철학은 "공허를 뿌리 뽑고" "새로운 파종을 받아들이도록 영혼을 준비시킨다".

12. 장 랄루Jean Laloup와 장 넬리Jean Nelis, 『문화와 문명. 역사적 인본주의 입문Culture et civilisation. Initiation à l'humanisme historique』

13. 키케로, 『웅변가론De oratore』, 2-1, 1-12.

14. 슈테판 츠바이크Stefan Zweig, 『어제의 세계, 한 유럽인의 추억Le Monde d'hier, souvenir d'un européen』

15. 위의 책.

---

1. 한스 마그누스 엔첸스베르거Hans Magnus Enzensberger, 『낱개Einzelheiten』

2. 『다르게 여행하기. 책임감 있고 연대를 위한 여행 지향하기Voyager autrement. Vers un tourisme responsable et solidaire』, 보리스 마르탱 편집

3. (옮긴이) 잭 런던은 미국의 작가이자 전 세계를 여행한 모험가이며, 조지프 콘래드는 영국 문학을 대표하는 폴란드 출신

작가이고, 엘라 마야르는 스위스 모험가이자 여행작가이다.

4. (옮긴이) 프랑스어 휴가vacance는 공백을 의미하기도 한다.

5. 티에리 파코Thierry Paquot, "에어컨의 부드러운 폭정La Tyrannie douce de l'air conditionné", 『르몽드 디플로마티크 *Le Monde diplomatique*』

6. (옮긴이) 번아웃을 겪을 때 심장 모양이 문어를 잡을 때 쓰는 항아리 모양으로 보여 붙은 이름.

7. 29대만 한정 제작된 스포츠카로, 2015년 2월 기록에 따르면 최대 시속이 435.31킬로미터에 이른다.

8. 파스칼 샤보, 『글로벌 번아웃 *Global burn out*』

9. (옮긴이) '패자에겐 불행뿐이다'라는 의미의 라틴어 표현Vae Victis을 변형한 것이다.

10. 그레이엄 그린Graham Greene, 『타버린 인간*A Burnt-Out Case*』

11. (옮긴이) 슬픔과 영적 비탄, 영적 낙담과 관련된 죄.

12. 프리드리히 니체Friedrich Nietzsche, 『인간적인 너무나 인간적인*Menschliches, Allzumenschliches*』 1권 제5장 "고급문화와 저급문화의 징후", "현대의 불안"

13. 토머스 프리드먼Thomas Friedman, 『늦어서 고마워*Thank You for Being Late*』

14. 미셸 드 몽테뉴Michel de Montaigne, 『수상록*Les Essais*』, 3권, 13.

15. (옮긴이) 『수상록』의 프랑스어 제목 'Essais'의 동사 'essayer'는 '시도하다', '시험하다'를 의미한다.

16. (옮긴이) 프랑스어로 긴장감tract을 '트락'으로 발음한다.

17. 알렉상드르 라크루아Alexandre Lacroix, 『자연의 아름다움 앞에서*Devant la beauté de la nature*』

세상이 온통 회색으로 보이면 코끼리를 움직여봐

세상을 방랑하는 철학 ❷

초판 1쇄 발행 2022년 11월 10일

지은이 파스칼 세이스
일러스트 Brush(brush-graphicdressers.com)
옮긴이 송설아·이슬아
펴낸이 윤석헌
편집 이승희
디자인 즐거운생활
펴낸곳 레모
제작처 민언프린텍
출판등록 2017년 7월 19일 제2017-000151호
주소 서울시 서초구 서초대로 33길 99, 201호
이메일 editions.lesmots@gmail.com **인스타그램** @ed_lesmots

ISBN 979-11-91861-13-6 03100